人間観察極めたら悩み消えた

性格研究家
くらはしまやこ

すばる舎

はじめに

「趣味は人間観察です！」

そう言うと、「へぇ〜そうなんだ」「あはは〜」なんて、こんな感じで流されておしまいになってしまいますよね。あまり市民権を得ている趣味ではありません。

でもですね、人間観察って本当はとってもすごいものなんです。

「趣味、人間観察」ではあきれられたかもしれませんが、**「特技、人間観察！」くらいまでレベルを高めていったら話は変わってきます。**

私、くらはしは人間観察歴「うん十年」。人の心理や行動をさまざまなアプローチで見続けてきて、早ければ「秒」単位で、遅くとも会話のやり取りを何ラリーかすればほぼ傾向がつかめる、くらいまでになってまいりました。

一般的な人間観察のイメージ図

「人の心と行動」をテーマに講座を開いたり、企業や学校などで講演や研修をしております。また、体から性格を整える、なんていうことも行っているのですが、それもこれも、すべては人間観察の延長線上にあります。

人間観察……こんなにも身近でありながら、奥深く、そして楽しいものはありません。

一般的な人間観察というと、街ゆく人を見てみたり、はたまたカフェなどで人の話に聞き耳を立てておもしろいこと（変な人やゴシップなどを含めて）はないかなぁと探す、そんなイメージがないでしょうか。

本書で紹介する人間観察は、そうではありません。

人のおもしろいところを探すということか

らさらに一歩踏み込んで、**では、なぜ人がそんな行動をとるのか？　人の深層心理まで含めて、観察を通して理解できるようになる**という方法です。

相手の生年月日や血液型を知る必要もありませんし、特別な道具も、知識も必要ありません。

たとえば、**服装**、**身につけているアイテム**、**姿勢**、**仕草**、**声の大きさ**、**話題**、**口癖**など、いくつかのポイントを見ていくことで、その人がどんな人なのか。どんなことを大切にしていて、どんなことを嫌うのかなどが、ちょっとしたやりとりの中でわかるようになってきます。

しかも、別にじ〜〜〜っと観察するわけではありません。いつもどおり相手とのやりとりをしていれば、初対面の人であっても、ものの数分ではっきりと傾向がわかるようになるのです。

たとえば**どんな席に座るか、どんなメモをとるかといったことからも、いろいろわかってしまうことがあります**。

そう言うと何かの特殊能力のようですが、そういうわけではありません。

心理学などの学問・性格分析の理論にもとづいていますので、再現性もバッチリです。

つまり、具体的で超簡単。誰でもちょっと練習をすればすぐにポイントがわかる「ワンランク上の人間観察の方法」をお伝えしているのが、この本『人間観察 極めたら悩み消えた』なのです。

じゃあ、観察したらなんで悩みがなくなるの？ というと、はい。理由はたくさんあります！ たとえば、こんなこと。

・人の性格がよ〜くわかるようになるから
・人（家族や職場の人なども含めて）の言動にムダにイライラしなくなるから
・新しい場所でも人間関係が気楽につくれるようになるから
・人間関係が総じてスムーズになるから
・自分の性格や感情の扱い方もよくわかってくるから
・自分の今のストレス状態がわかるようになるから
・自分のことがよくわかり、人に頼ることが少なくなるから
・ものごとを重く受け止めすぎず、たんたんと行動できるから
・「これしかない！」ではなく、さまざまな中から自分で選べるから

などなど、細かく挙げればもっとたくさんの理由があります。

家族の問題だったり、職場で感じているモヤモヤもなくなってきて、そうなれば心穏やかに日々を過ごすことができ、**仕事での成果も上がりやすくなるので、収入アップ！　などにもつながってきます。他にも、「いいパートナーを探していて……」なんていう人にもぴったり**な内容になっています。

たかが人間観察ですが……極めたら、すごいんです。

そんな本書は、全部で6章構成になっています。

まず1章では、人間観察の概要と、極めると起きる「いいこと」についてより詳しくお伝えします。

続く2章では、さっそく具体的な人間観察の方法をご紹介！

そのあと3章〜5章では、その方法をふまえて、具体的な事例を使いながら観察の仕方、見分け方などをより詳しくお伝えしていきます。最後の6章はセルフチェックになっています。

人のことがよ〜くわかるだけではなく、人のことを通して、自分のことをよく見る、自分のいいところをあらためて知り、日常に活かす、そんなことができるようになっています。

毎日忙しいと何かとストレスもたまりますし、いろいろと不安なことも起きる世の中ですが、そんな中でも、人と自分と上手に付き合って、自分が本当に望んでいる人生を手に入れる。そんな手立てにできればと思います。

ぜひ最後までお楽しみください！

人間観察 極めたら悩み消えた 目次

Chapter 1

人間観察 極めたらこうなった

Chapter 2

人間観察を極めるって何？人を観る方法

Chapter 3

行動原理がわかれば、理解できる

Chapter 4

ストレスを受けると、性格が変わる！

Chapter 5

人をグループで分けてみた！

Chapter 6

自分の性格を知る方法

本文デザイン／斎藤 充（クロロス）
本文イラスト／くらはし まやこ
編集協力／松本 逸作

Chapter 1

人間観察極めたらこうなった

その1 「人の性格」というものがよくわかってきた

では、「人間観察 極めたらこうなった！」ということで、どうなったかをさっそく見ていきましょう！

人間観察は一般的には「この人のこういうところがイヤだなぁ……」とネガティブチェックをしたり、日常の中で変な人を見つけて……といった意味合いで使われることが多いかもしれません。

もちろんそれはそれで一つの側面なのですが、これを一段深めてみると、とっても実生活にいい影響が出てきます。

たとえば、**「せっかく俺が○○してやったのに」という言動をよくパートナーがして、そのたびにすっごくイライラする！** といった感じのご相談を受けることがあります。

「よくそんな恩着せがましい言い方ができるな！」「こっちだっていろいろしてやってるん

だっての！」……などなど、その気持ちはよ〜くわかります（笑）。

ただ、このような出来事があったときにイライラ＆モヤモヤして終わりにするのではなく、観察をすることで相手のもっと本質的な部分を見てみるのです。

どうしてそういう言動をしたんだろう？　と、一歩踏み込んでみます。

「○○してあげたのに……」といった言葉の裏には、「自分が何か人にしたことを認めてほしい」という思いがあります。この欲求は、もっと言うと「人に認められない不安」もしくは、「人に愛されたい欲求」からきており、欲求が満たされていないストレスから、このような挑発的な言動になってしまうのだ、といったことがわかるようになってくるのです（詳しい分析方法は2章以降でお伝えしていきます！）。

この本質的な部分がわかってくると、まっさきに感情で反応するのではなく、一呼吸おいて「互いにとってベストな行動」を選ぶことができます。

この場合ならば相手を頼りにして、してくれたことや労力を割いてくれた時間に対して「ありがとう」と感謝を伝えればよいのです。実際、たったそれだけで夫婦関係などが改善した事例がいくつもあります。

これが人間観察の効果一つ目で、人の「性格」というものがより深いレベルでわかってくるのです。

「性格は変えられない」とよく言いますが、一つ忘れてはいけないのは、人には必ずいい面も悪い面もあるということです。

状態がいいときには長所として出てくることが、ストレスなどを受けていると短所として強調されやすくなります。つまり、悪い面が強く出ているときは、その人が満たされていない証拠なのです。反対に、心が満たされていると、いい面が強く出るようになります。

たとえばこんな感じ。

穏やかで優しい　⇕　ぼーっとしていて決断力が弱い
無邪気でかわいい　⇕　子どもっぽい
リードしてくれる　⇕　とんだ俺さま
友だちとの時間を大事にする　⇕　家庭への配慮が足りない
遊びがうまい　⇕　帰ってこない
なんでも許してくれる　⇕　関心が薄い

双方向にしているのは、人はどちらにも行き来ができるからです。

そして、心が満たされているかどうかというのは、実はとてもささいな行動、身近な人の言動によるところがとても大きいのです。つまり、イヤな人がいたとして、永遠に悪い面が出続けるわけではありません。**まわりの接し方が変われば、いい面が強く出ることもある**、ということです。

これはもちろんお互いさまの話。自分自身もまた、いい面も悪い面もあって、その時々で見せる部分が変わっています。また何より、自分の状態によって受け止め方も変わるのです。

人間観察によって人を観ていくと、人の性格というものが客観的に把握できるようになり、では、自分がどんなふうに行動すると相手のいい面が出るのか、自分は今どんな状態にあるのか、といったことが簡単にわかるようになってくるのです。

人間観察、ちょっと試してみたくなってきませんか？

この1章では、その効用とともに、人間観察の概要についてお話をしていきます。

その2 ムダにイライラしなくなってきた

人間観察を極めていくと何が起きるのか⁉

その2は、イライラの減少です。

それまでは、「意味わかんない！　あり得なくない⁉」なんてプンプンカリカリしていたようなことも、「あらまぁ！　それはそれは、かわいいことで……」とまるで仏さまのような穏やかな表情で「見過ごす」ことができるようになります。

なぜそうすることができるかと言えば、人の行動原理がよくわかるようになるからです。**私たちはみな、「自分にとって大切な基準」を持っています。その基準・行動原理にもとづいて、さまざまな行動をしているのです。**

たとえば、「いつも時間ぎりぎりに始めてバタバタする人」、「家の中でテレビのリモコンや携帯をしょっちゅうなくす人」、「何もしなかったのに手柄は自分のものにする人」、「自分で言ったことをすぐにくつがえす人」など、世の中にはさまざまな行動のクセがありますね。

このクセが自分と同じだと「わかる」のですが、違うと、なぜそんな行動になるのか意味がわからなくなります。

この「わからない」が積み重なると、「子どものことが理解できない！」「夫が何度も同じことをしてくる！」「理不尽な上司のストレスがすごい！」と、ストレスになっていくのです。

受講者の方々からも「今日も朝から怒鳴ってきちゃいましたよ〜！」なんて話はしょっちゅうで、そういうときにするのが、この行動原理のお話です。

たとえばある授業で「自由とはなんですか？」という質問をしました。

あなたにとって、自由とはなんでしょうか？　この質問をするといろいろな答えが返ってきます。

・秩序の中で、好きにできること

・好きな人のそばにいられること

・お金に制限がなくチャレンジができること
・縛られないこと
・期待されないこと
・人の目が気にならないこと
・選択肢があること
・敵がいないこと
・自分のペースが保てること

そう。人それぞれ「自由」の定義は違うのです。もちろん「幸福」の定義も「嫌い」の定義もそれぞれです。**おもしろいのは、家族内であっても、まったく違う回答が出てくることです。**

この違いは、「もともとの行動原理の違い」からきています。

行動原理とは、コンピューターでいえば「OS（基本のプログラム）」です。パソコンなら「Mac」や「Windows」、スマホにも「iPhone」や「アンドロイド」など、それぞれに違うOSが最初から入っていますよね。

たとえばガラケーで「ツムツム」が遊べなくても、「乗り換え案内」アプリが入れられなくても、怒る人はほとんどいないはずです。最初から「ガラケーにはスマホのアプリは入らない」と認識していれば、できないものはできないと割り切れるからです。

人間も本当は同じなのです。それぞれのＯＳ（行動原理）が違うので、同じアプリを入れられることもあれば、そもそも非対応の場合もあるわけです（笑）。

人間観察をしていくと、それぞれ異なる行動原理で動いていることがよ〜く理解できるようになります。すると、**「そもそもの行動原理が違うんだから、仕方ないよね」**とスルーできることが増えていくのです。

違うことに合わせようというのではありません。ただ違うということを理解するのが、とっても重要なのです。

同じだと考えていると許せないことも、違うことを前提にすると、それだけで余裕ができて、心のありようにも変化が出てきます。そのため、ムダなところで怒ってお互いに消耗することがどんどんなくなっていって、**小さな不満がそもそも生まれなくなっていくのです。**

なんだか、すごそうじゃないですか？　もうちょっと続きます！

その3
自分のことがよくわかるようになった

人間観察を極めていくと起きる3つ目の効果。

それは、自分のことがよくわかる！　ということです。

「自分のことは自分が一番わかってます！」なんてセリフがありますが、実は多くの場合そうではありません。自分の性格はこうだ、という自己認識とまわりからの目というのは違うことのほうが多いのです。

たとえば質問に答えていくことで自分の性格がわかる診断ツールがよくありますよね。

受講者のみなさんに試してもらうことがあるのですが、他己診断による結果とその人の自己診断が合っていることはヒジョ〜に稀です。

「うそ〜あなた絶対そんな人じゃないのに！」と、まわりから見たら「真逆」の結果が出てくることも少なくありません。

そうなるのは、人の「思い込み」や「願望」が関係しています。

私たちは多かれ少なかれ、育ってきた環境や経験の中で、「こうありたい」とか「こうならなければならない」という理想や美学、正しいと信じていることを持っています。

客観的に自分を見るのを難しくするのは、こうした思いや願望なのです。

たとえば「私、サバサバしてるから！」と言う女性が、実は繊細でナイーブだったり、「俺って人に興味ないから」と言う男性が、けっこう人間関係を気にするタイプだったり、「自分は人のフォローとか得意じゃなくて」と言いながら、フォローの達人だったり……といったことはよく見られます。

「こうありたい」と「本当の姿」は違うことが多いのです。

このことを知っておかないと、「いつも同じパターンで悩む！」とか、「自分の強みがわからない！」とか、そんな事態が起きやすくなります。

生活の中で自分のよさを発揮したり、小さなことで悩まなくなるためにも、自分を知ることはとっても重要なのです。

では、どうすれば自分のことがわかるのでしょうか？

客観的に自分のことを見るには、感情がゆれた瞬間を観察するのがもっとも近道です。

たとえば、「アイツおかしいだろ！」と感じる人がいたとしますよね。

このときの「おかしい」の感覚をより具体的に掘り下げてみてください。なぜ、相手がおかしい、間違っていると感じたのでしょうか？

- **「マナー違反をしていたから」**
- **「失礼な言い方であったから」**
- **「人をバカにしたような態度をとっていたから」**

実は同じ出来事を通しても、「どう感じるか」は人それぞれ違います。

「マナーに違反している」と感じる人は、「人はこうあるのが当然だ」という正義が強い人です。秩序や調和を重視しているのがわかります。

一方、「失礼だ」と感じる人は、「もっと自分を大切に扱ってほしい」という思いを持っている可能性が高く、自分がぞんざいに扱われたことで怒りがわいてしまうのです。

また、バカにされたと感じる人は、「パワーバランス」に気が向きやすく、自分の能力にコンプレックスがあるのかもしれません。

つまり、このようにわいてきた怒りや不安、悲しみの奥にあるものこそが、自分の性格をもっとも端的にあらわす要素であるのですが、なかなか自分の内面をのぞくことってないですよね。自分の恐怖や不安を正面から見るのはつらいときもあります。

そこで、人間観察なのです！

人間観察をしていくと、ものごとをより客観的な目で見られるようになってきます。**人の様子をよ〜く観ることで、同時に自分自身の仕組みがわかってくるのです。**

たとえば、「間違ってはいけない」と思っているのか、「人に愛されたい」のか、「有能でなくてはいけない」のか、「自分は特別でないといけない」のかなど、自分の行動原理がわかってくると、何が満たされれば「幸福感」につながっていくかがわかります。自分の観察が上手になっていき、最終的には「自分の取扱説明書」ができるのです。

おもしろいもので、**自分のことがわかると人の目が少しずつ気にならなくなっていきます。**「自分は自分でいいんだ」という、いい意味での開き直りが出てくるのです。笑顔になる時間、ラクでいられる時間が増えていきます。

人間観察の究極のメリットは、この自分がよくわかるということだと思います。

その4
人間関係が気軽につくれるようになった

あと2つだけ！　人間観察の効果についてお話しさせてください。

4つ目は、人間関係をつくるときに役立つことです。

たとえば、初対面でいきなり親し気な人に会えば「なれなれしい」と感じる人もいますし、ツンケンしている人には「愛想がない」と感じ、一方で、自分はどんなふうに見られるんだろうか、こんなふうに見られたらイヤだな……とさまざまな葛藤が起きることもあると思います。

しかし、そんな状況も人間観察によってなくしていくことが可能です。

人間観察によるコミュニケーション上のメリットはいくつかあるのですが、大きく

①　その人の好きなこと・嫌いなことが判断しやすくなる

② 相手が怒る「地雷」を踏まないで済む
③「適度な距離感」を保つことができる
④ 子育てや部下の指導などで「適切な行動」をとれる
⑤ 深く付き合ってよいか、よくない人かを判断しやすくなる
⑥ アウェーの場所でも気軽に溶け込める

などの点があります。

このあと2章からお伝えする具体的な見分け方を駆使すれば、相手の人柄・大まかな性格・価値観・好きなことと嫌いなことなどが判断しやすくなり、対人関係はグッとスムーズになるのです。

個別の判断方法は2章以降を参考にしていただくとして、ここでは人見知りしない付き合い方のコツをちょっとだけお伝えしたいと思います。

人間、誰しも初対面では緊張します。ですが、中には「まったく緊張しない」という人や、まったく緊張しなさそうな雰囲気を持った人がいますよね。

いったい何が違うんだろうと観察してみると、まったく緊張しない人のコミュニケーシ

ョンは大きく2つのスタイルに分けられることがわかりました。それは、

1 「自分の中に誰も入ってこられないように自分を護っている」

2 「相手のことを知りたいという興味のドアが開いている」

一見とってもフレンドリーに見える人でも、一定以上近寄らせないように、実は絶対的な距離を持っている……それが1のパターン。そして、相手が「どんな人なんだろう？」と純粋に興味で接しているのが2のパターンです。

1のパターンは、イメージとしては「役」になりきっているような感じです。実際にバラエティー番組のMCの人がよくやっている方法で、相手に質問を投げかけていじったり、知識をかぶせて話を広げたりして、場の空気をつくっていきます。本質的に相手に興味があるわけではなく、あくまでも「場をつくる役」を演じているのです。この方法は技術や場数が必要で、簡単ではありません。

その点、本書でおすすめしたいのは2の「興味のドアを開く」パターンです。実はこれ、人間観察の基本スタンスとしても、とっても重要なことなんです。

自分の方向にばかり矢印が向いていると、相手を客観的に観ることはできません。**「きっとこんな人に違いない」という先入観や想像が出てきたり、自分の見え方や印象を気にして余計な気をつかったり、過剰に自分を演出したりしてしまうのです。**そのため、家に帰るとドッと疲れる……ということが起きます。

でも、興味のドアを開くと余計な気づかい、気苦労はなくなっていきます。

相手が何を言ったりやったりしても、「この人はイヤな人だからこんなことをするんだ……」という想像ではなく、「どうしてなんだろう?」という純粋な興味で接することを基本にしてみてください。

そうすると、初めて会った人でも距離感がラクにつかめてきます。

このスタイルでコミュニケーションをとっていくと、本当に必要な人とは勝手に仲良くなり、だんだんと自分がどう見えるかなんて気にならなくなっていきます。どんな環境であっても、うま〜くまぁるいコミュニケーションがとれるようになっていくのです。

これが4つ目。最後にあと一つだけ! お付き合いください。

その5 話の食い違いがなくなってきた

人間観察を極めたらこうなった！

最後の一つは、コミュニケーションにおける「誤解」がなくなってきたことです。

事実を事実として受け止める。もめそうなときは話し合いをきちんとする。これが本当に難しいのです。

そもそも、コミュニケーションというのはよくも悪くも誤解の連続です。

「もうこの人のすべてが好き！」と思って始まった恋愛も、付き合いが長くなってくると「○○のはずだったのに、違った」「最近××してくれなくなった」「こんなはずじゃなかった」と、落胆が大きくなるものですよね（笑）。離婚原因の多数を占める「価値観の不一致」も、結局は「こんなはずじゃ……」の積み重ねです。

いいときはなんでもいいように受け取りますし、悪いときにはなんでも悪く見えてしまうのです。

しかし、このようなことも人間観察を極めていくと少なくなっていきます。

ここまで、「性格のいい面・悪い面」「そもそもの行動原理の違い」「コミュニケーションのスタンス」についてふれてきましたが、もう一つぜひ知っておいていただきたいことがあります。

それは、**人はそれぞれ「意識を置く場所」が違うということです。**

たとえば夫婦で「家」について話していたとしますね。将来家を買うのか、賃貸でいいのか。買うなら一軒家かマンションか、新築か中古か、どんな間取りか、エリアはどこか？さまざまな議論があります。

そんな話をする中で、私たちはその判断基準を「過去」「現在」「未来」という時間軸で考えているのです。たとえばこんな感じです。

「子どものときに楽しかったから一軒家がいい！」→過去への意識
「今、一番住みやすい家に住もう」→現在への意識
「売ることを考えて駅チカのマンションを買おう」→将来への意識

こんなすれ違いも解消できます

と、このように家について話をしていても、意識の「視点」が違うのです。

視点が違うということは、**当然「いい」と思うポイントもまったく異なるわけです。**

この違いがあることを知っておかないと、「話が通じない」「話がかみ合わない」ということが次々と起きてきます。

実際、さまざまなご相談を受ける中で、夫婦それぞれから同じエピソードについて話を聞くことがあります。

かたや「あたりまえのことを言ったらなぜか激怒されて……」と困惑する旦那さまがいれば、「ものすごく失礼なことを言われたわけ！　人としてどうなの⁉」と興奮しながら言う奥さまもいます。

それは、互いの視点の違いからきていることも多いのです。その視点の違いとは、このように分類することができます。

・過去の記憶に意識が向く人は、自分への関心を求めている……関心を重視
・現在の感覚を重視する人は、今の自分を保つ方法を考えている……自立を重視
・未来を考える人は、何が起きうるか想像して対策を練っている……安全を重視

と、このようにそれぞれ人生の中で重視していることがそもそも違うのです。

仕事でも家庭でも、何か議論をするときには、この感覚を持ったうえで話の主導権を誰が持つか決めないと収拾がつきにくくなります。

このあたりのことは、のちのち読んでいただく中でより深くわかるようになっていきますので、まずはさわりとしてお伝えいたします。

ここまでの内容のすべてに通じるのは、**人間観察・人とふれ合っていく中で重要なことは、目の前の人のことをきちんと見る、**ということです。自分の想像、自分の持つルールで人とふれ合うのではなく、相手の意識にも目を向けてみて、その言動を理解しようとすることです。

そうすると、自分があたりまえだと思っていたことが、実は相手にとっては違うということがよくわかります。これがわかると、相手が怒ったり悲しんだりしている理由が理解できるようになり、誤解や言い争いが減るでしょう。人を許容できるようになり、自分自身にいらだつこともなくなっていくのです。

では、次の2章から具体的なやり方を見ていきましょう！

Chapter 2

人間観察を極めるって何？人を観る方法

まずは、ファッションチェックから

では、いよいよ具体的な人間観察の方法を見ていきましょう。

人間観察の第一歩、それは「ファッションチェック」です！

「見た目が大事」というのは人間観察でも同じです。性格とファッションは非常に密接な関係にあり、人を理解するうえでとても重要な要素になります。

たとえば服への興味がある・なしは、自分をどう表現したいか、自分がどう見られたいか、逆にどう見られてもいいと思っているかという情報なのです。

視覚的にも最初に入ってくるところなので、まずはファッションチェックでなんとなくの傾向を見ることが人間観察の一手目となります。

では、具体的にどんなポイントがあるのか？　私はこんなふうに観察しています。

□**素材が絹、麻、ウールなど天然繊維である**
↓体にふれるものに敏感な可能性がある。完璧主義か感覚を重視するタイプか
□**色見がナチュラルカラーか、ビビッドか**
↓ナチュラルは保守派の傾向、ビビッドはアグレッシブな傾向
□**体と服のサイズ感**
↓ラクなのが好きか、タイトなサイズはストイックな傾向
□**柄の種類**
↓ボーダーやチェックは保守派の傾向（ただし色が赤や黄色など強い場合はアグレッシブな傾向）。動物柄、ご当地キャラ、伝統柄、刺繍入りなどは芸術派の傾向
□**トップスに柄がきているか、ボトムスに柄がきているか**
↓トップスの柄が強ければ我が道タイプ、後者は別のところで判断
□**アクセサリーの大きさとシンメトリー感**
↓大きめのアクセサリーやアシンメトリー（左右で違う）は冒険派の傾向
□**バッグのブランド**
↓ハイブランドは権威やステータスを重視する傾向、歴史あるブランドは伝統好きの傾向

□時計のブランド

↓ステータス主義か否か

初対面の瞬間から、実はこれだけの情報と傾向を読み取れます。

もちろん、ジロジロ見るわけではないのですが、出会い頭に入ってくることってありますよね。

ビジネスマンの方の中にはプロのコーディネーターに頼んでいる人もいますが、この場合も「どんなコーディネートを頼んでいるか」ということ自体が情報になります。

私の体感として、**服の時点で半分くらいその人の傾向を読むことができます。だいたいの傾向を見る（傾向を絞る）のにとても役立つのです。**

以前、受講者の方が「見破られないように」とあえてシンプルな服を選んで着てきたらしいのですが、グラスコード（眼鏡が落ちないための紐）に恐竜がさりげなくついていました。個性重視タイプの特徴はごまかせていませんでした（笑）。

みなさんもぜひ自分の服装を見てみてください。どんな傾向があって、何を好んでいるのか、無意識に選んでいるアイテムにこそ性格の特徴が出てきます。

姿勢からわかる性格の傾向4つ

私は性格の座学にプラスして体の施術も行っているのですが、それは姿勢とその人の性格が非常によくリンクしているからです。

人は緊張すると無意識のうちにグッと力が入るのですが、どこに力が入っているかを見ると、その人の精神状態や性格の傾向が見えてくるのです。

大きく4つ、見ていきましょう。

姿勢がいい人は、警戒心が強く完璧主義な人

警戒心のある人は、姿勢がよく（背筋をピッと正している）、肩が少しいかり肩ぎみで、内側に少し巻いています。これは完璧主義な傾向を持つ人の特徴でもあります。

背中が丸まっている人は、防衛心が強い

背中やお腹が丸まっている人は防衛心が強い人・自信がない人に多い傾向です。さまざまなことに意識が向きやすいので頭を使っている時間が長く、顔（目のくまなど）からも疲労感がにじんで見えることも。胸が狭くなって呼吸が浅くなる傾向もあります。

体育座りがクセの人は自分の世界に入りやすい

猫背で肩が斜めになっている人は、拒絶心の強い人に多い傾向です。このタイプの人は体育座りがクセで、骨盤が後傾になっていたりもします。自分の世界に入りやすい人の特徴です。

胸を開いて堂々としているのは、力を示したい人

胸が開いていて堂々としているのは自信家タイプの特徴です。このタイプの人は反り腰気味で骨盤も前傾ぎみ。自信家タイプの特徴で、力を示すことを重視している人が多いです。

・防衛心が強いタイプ

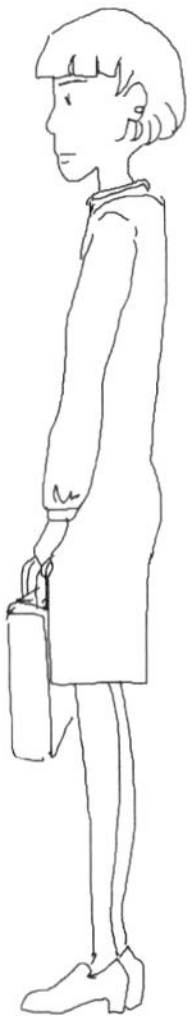

・警戒心が強めのタイプ

・自信家タイプ

・世界観の強いタイプ

表情、瞳孔、視線やまばたきの数からわかること

続いて見るのは、顔。相手の表情や目を見ていきましょう。

表情が難しいのは、かたい顔・怖い顔をしているから冷たい人かというとそうでもなく、やわらかく見えても実はかたい人がいるなど、さまざまなところです。

そこで、私が判断に使うのは

①　笑顔のつくり方（表情筋のやわらかさ）
②　瞳孔の開き具合
③　目線
④　まばたきの頻度

の4つです。これらを見ることで、相手がコミュニケーションをとる態勢ができているかどうかの判断材料になり、相手との距離感や話題選び・言葉選びの参考になります。

まず表情筋のやわらかさですが、実は表情筋というのは腸の延長だと言われています。表情筋は進化の過程で随意筋《ずいいきん》（自分の意志で動かせる筋肉）になったとされ、もともとは腸と同じでストレスを受けると自動的に反応するものだったと考えられています。つまり、表情にはとってもストレス反応が出やすいということです。

ですから、いい笑顔なのか、口や目だけが笑顔なのか、笑顔をつくらないのか、それによって相手の緊張状態の目安になります。

そしてもう一つ。何より重要なのが目です。「目は口ほどにものを言う」という格言のとおり、表情が笑顔でも「目が笑っていない」ということがありますよね。

目が笑っている・笑っていないというのは、要するに瞳孔（黒目）の大きさです。**人に対して心が開いている人は、少し黒目がちな目の印象になります。**

黒目がちな場合には、コミュニケーションの距離を多少近くしても大丈夫です。

続いて、「目線」について観察してみましょう。

視線が泳ぐか否か、まばたきの頻度などは、相手をよく知る情報になります。

まず、まばたきが多かったり、目が合わない人、合いづらい人は緊張しており、コミュニケーションの準備が十分にできていない状態です。

ここでいきなりなれなれしくするとかえって拒絶感が強まってしまうので、まずはお互いに「慣れる」ことが大切です。

力強く相手を見つめたり、質問をまくし立てたりせず、距離をとった話題でちょっとずつ自己開示をしていってください。そうすると、だんだんと相手も受け入れ体制ができてきて、素の部分を見せてくれるようになるでしょう。

一方で、まばたきが少なく、視線も泳がない、じーっと見つめてくる人は、心の中に自分の「善悪の基準」がはっきりとあるタイプです。

この状態は、いわば「品定め」。目の前の人に心を開く価値があるかどうか見極めようとしています。

このとき、相手の姿勢がいかり肩気味（警戒心が強いタイプ）の場合には、「こうあるべし」という意識がとても強い完璧主義の人か、またはもともと楽観主義な人が強いストレスを受けて落ち込んでいるような状態であるか、というどちらかの可能性が高くなります。

いずれにしてもあまり軽口を言ったりふざけたりせずに、しっかりした敬語と口調で話

品定めされてます

しかけるのがおすすめです。

敬意を欠いたような態度を見せると話を聞いてもらえない可能性も出てくるからです。ちょっと怖いかもしれませんが、信頼関係ができてしまえば気さくにユーモアを見せてくれる人も多いので、最初だけ注意してください。

さらに、じーっと見つめてくるのに加えて笑顔に迫力がある人は、「リーダー」的な気質の強い人だと考えられます。人を引っ張っていく気質の強い人です。

なお、セミナーなど人の集まるような場所で首はさほど動かさず、いろんな人の動向をまばたき多く見るタイプは、面倒見がよく「人の期待に応える」ことがベースにある可能性が高いでしょう。人のサポートが得意なタイプです。

このように、表情や目線一つとっても、人の緊張度合いや性質をよくあらわします。ぜひコミュニケーションをとるときの指標にしてみてください。

座る場所にも性格が出る

新幹線や飛行機の座席で、窓側を選ぶタイプですか？ 通路側を選ぶタイプですか？ こういう選択一つにも性格の特徴がよくあらわれます。

窓側を選ぶタイプには、壁があるほうで眠りたい、車窓の写真を撮りたいなど、自分の世界をまっとうしたいという傾向が考えられます。

一方、通路側を選ぶタイプは圧迫感が苦手。窓側だと、「もしもトイレに立つとき移動が大変かもしれない……」といったことを想像するだけでリラックスできなくなってしまう、というタイプです。

より個性が出るのはセミナーなどでの座席です。

前列を確保する人は、「講師などを品定めするタイプ」と「親密感が強く受け入れ態勢ができているタイプ」の大きく2つに分かれます。

前者は話の腰を折るようなことはしませんが、相手が自分の経験や知識を上回らない限り受け入れようという気持ちにはなりません。一方後者は、ものすごくあいづちを打って話を聞くのですが、場合によっては話をさえぎって自分の話を始める、なんてこともあります。エモーションに突き動かされて話し始めるので、着地点は特になく、さまざまなエピソードがカットインして長くなる傾向が見られます。

一方、後列の席を確保したい人は、さまざまなことに思考をめぐらせ、人と距離をつくりたいタイプで、大きく「自分が目立たないようにする人」と「全体を把握したい人」に分かれます。前者は人があまり通らない席を選び、後者は扉の近くを選びます。

グループの飲み会などでも傾向は見ることができます。

奥側に座る人の中には、もちろん先に来たので奥から詰めていくという人もいますが、「端に座りたい」という無意識が働いている人がいます。

その心理の奥に何があるかというと、「背中」を明け渡さないためです。背中は自分では目が届かない弱点ですよね。その弱点を隠すために、席の端、特に壁側を好みます。

この傾向のある人はリーダータイプで、全体の状況を把握しておきたいという心理が強くあります。そのため、宴会の席でも料理の状況やお酒の状況も自分で管理したいと考え、たとえば居酒屋のコントロールパネルからどんどん食べ物を注文したり、店員さんを呼びつけたりする傾向が見られます（このタイプの人は、たとえば会議室でも出口に近いほうに座ろうとする傾向が見られることもあります）。

反対に、一番通路側の下座に座ってみんなの世話を焼く人は、世話を焼くことで自分のキャラクターを前に押し出すタイプと、世話役を買って出ることで話に加わりきらずにパーソナルスペースを保とうとするタイプのいずれかです。

ポイントは雰囲気にあります。前者は明るく朗らかなイメージ、後者は淡々《たんたん》としたイメージです。

性格からくる行動心理っておもしろいですよね。

メモのとり方に出る性格

学生のときにはほとんどの人がノートをとった経験があると思いますが、仕事などでメモをとることはあるでしょうか？

メモにも大きく特徴が出るので、観察してみると非常におもしろいです。

たとえば以前、アーティストの平井堅さんがテレビ番組に出られていた際には、メモに一律の文字でアメリカ滞在時に通ったお店をリストにしていて、それをきれいにたたんでお財布に入れてあるとおっしゃっていました。完璧主義な人の特徴がよく出ていて興味深いエピソードでした。

この例のように、そもそもメモのとり方の「目的」が人によって違います。どんなタイプがあるか見てみましょう。

□（知らないこと・新しい知識を）忘れないためにメモする……完璧主義
↓均整のとれた小さな字で、まっすぐメモをとる傾向

□誰か（話をしている相手を含む）のためにメモをする……親密派
↓色分けをしたり、割と丸みのある文字。あちこちにメモが飛ぶ。好きな人の言葉を聞き逃さないように、ちゃんと話を聞いている、という意味もある

□価値を生み出すためにメモする……高い向上心
↓たくさんメモをとるが、必要なところや強調したいところを丸で囲ったり、ラインを引いたりして情報の取捨選択の準備をする

□気が向いたことだけをメモする……個性派
↓いろんなところに飛び飛びで書いたりするので、あとからの検索が難しいことも

□自分ができないことだけメモする……研究者気質
↓読めない字が多い。ミミズ的。そもそも読み返すのが目的ではない

□聞いたものを端から全部メモする。要約などしない……慎重派
↓割と大きめで読みやすい文字。途中で書く場所がなくなり、裏紙や別の場所に飛ぶことも

□インプットのためにメモをとる……高速吸収派

↓走り書き。速記のような書き方。相手の処理ペースに追いつこうとする

□感銘を受けたことをメモする……インスピレーション派

↓大きめの文字。一色メモが多い傾向

□聞こえたものをメモする……じっくり消化派

↓割とシンプルなメモ。インプットから処理まで時間がいるので、聞こえたものは書いておくというスタイル

あなたはどのスタイルのメモのとり方でしょうか？

ケースバイケースだということもあるかもしれませんが、それも実は自分のそのときの心の状態をあらわしているということになります。自分の状態をチェックするのに便利なので試してみてください。

なお、次ページの写真は受講者のみなさんからいただいた講座中のメモのサンプルです。例として2つのタイプを見てみましょう。

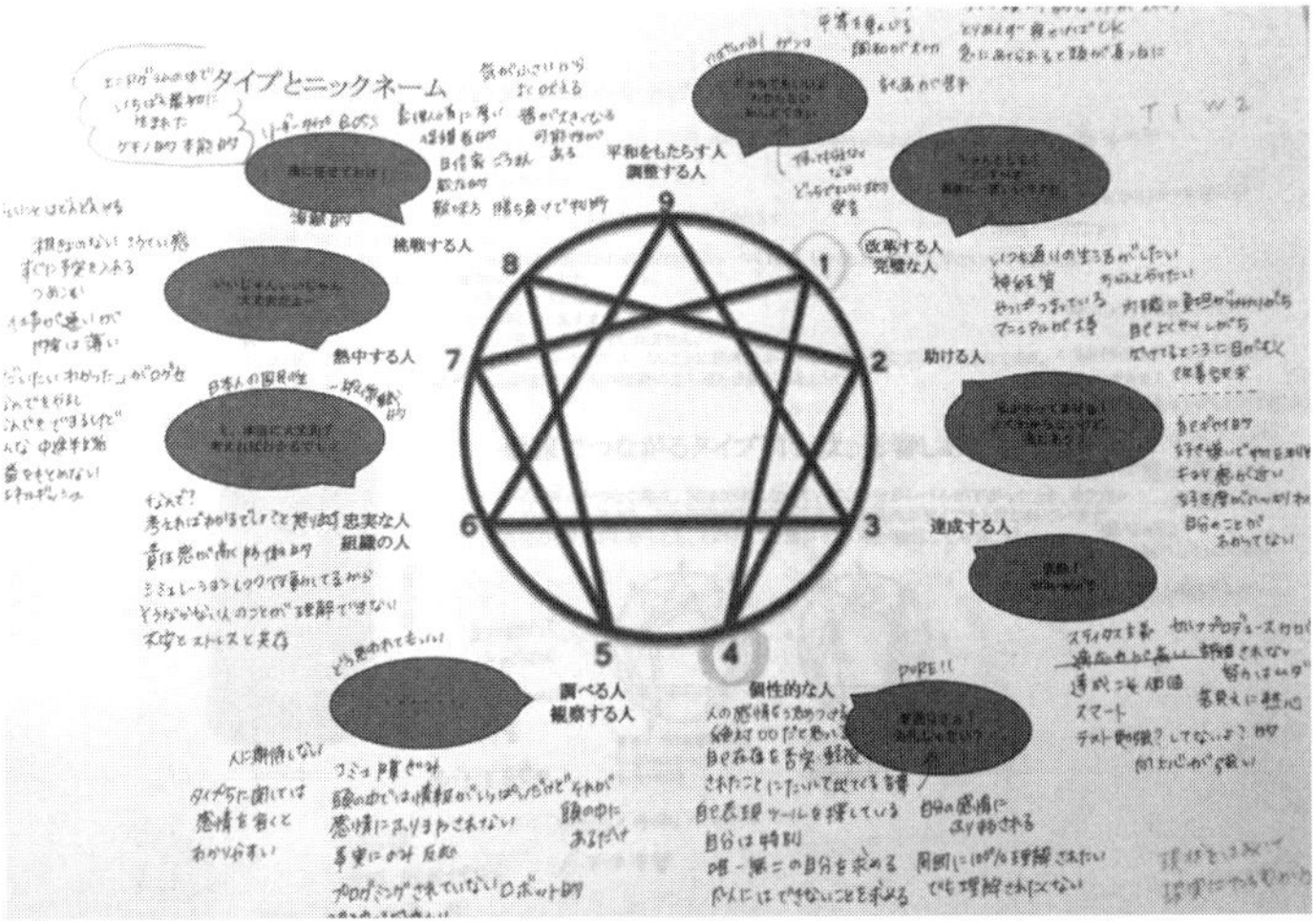

・完璧主義タイプのメモ。均整のとれた文字でスペースも考慮している

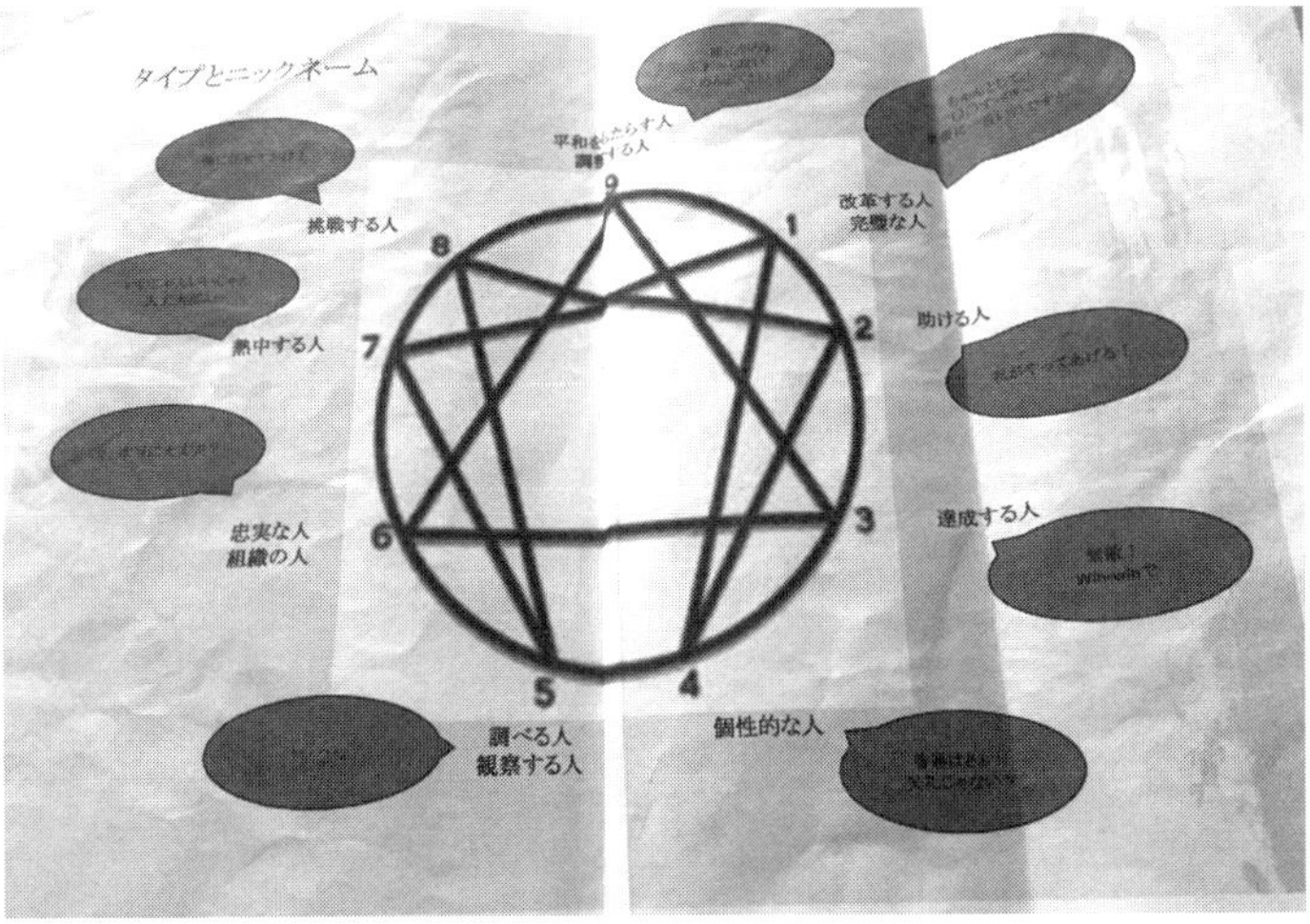

・個性派タイプのメモ。このときはメモする気になれなかったようです

机の上に性格が出る

机にも性格が出ます。これは会社のデスクとか自宅の机はもちろん、居酒屋のテーブル、さらにはクローゼットや引き出しの中なども同じように考えられます。つまり、**「自分のテリトリーをどう扱うか」**ということで、性格的な特徴が大きく出るのです。

まず、プリントや紙類などを捨てずに取っておく、名刺をゴムなどで束ねて取っておき机の端などに置いておく……などは「慎重派」の人の特徴です。

また、すぐにアプリに取り込み、紙自体は捨ててしまう、または分厚い名刺ホルダーなどですぐに仕分けをするのは「合理主義」の人の特徴です。

この合理主義は大きく2つに分かれ、一つは机がきれいでほとんどモノを置かない主義の「スマート合理主義」タイプ。ガジェットなども大好きです。

一方、プリントの角などが折れがちな人は「豪快な合理主義」タイプです。この場合、机の上もごちゃごちゃしている傾向があります。

他方、きれいに整えるタイプはというと、これも大きく2つのパターンがあります。

まず、「完璧主義」。このタイプは探しものにもすぐたどりつくことができ、どこに何を置いたかということを把握しながら整理できる人です。

もう一つが、見えるところだけを整えてあとはぶっこんでおくというタイプ。整理が雑なので探しものがなかなか見つかりません。このタイプの人は「自由奔放な冒険派」で、こだわりのあるところとないところの差が激しく、居酒屋などのおしぼりや割りばしの向きをテーブルに対して平行か垂直にそろえ、水滴などはすぐふくなどのこだわりがあるものの、ハンカチは持っていない（のでズボンで手をふく）など極端なところがあります。

完璧主義タイプの人は手帳を書くときに最初から最後まできれいに書きますが、自由人は最初の1ページだけきれいに書いて、あとは雑ということも（笑）。

また関連して、机の上に置いてあるアイテムにも目を配るとさまざまな傾向が見られます。たとえば手帳やペン、ペンケース、ハンカチの種類などです。

前述の完璧主義タイプの人は服装などはいたってシンプルで無地なことが多いのですが、小物が一つだけキャラクター入りのものだったりします。さらに言うとペンは一色で書く人が多いので、机の上にたくさん出しません。プリントは机に対してまっすぐ、持参の水筒（マイボトル）を持つ人も多い傾向です。

一方、麻の葉などの伝統柄や、手作りのグッズなど個性が光るタイプのグッズが見られる人は「芸術／個性派」タイプである可能性が高くなります。

「スマートな合理主義」タイプの人はハイブランドのペンケースを持ち、机には買ってきたカップのコーヒーが置かれているのをよく見ます。

机の上にいろんな色のペンが出ている人はフットワークの軽い「ムードメーカー」タイプの傾向があります（前述のメモもカラフルです）。にぎやかで楽しいものが好きという特徴がよく出ています。

仕草が多い人は興奮しがち リアクションの大きい人は人好き

続いて、会話のやりとりや受け答えのときの違いです。

まず、リアクションが大きい人は「ムードメーカー」タイプであるか、もしくは「リーダー」タイプです。

話も上手で、場を盛り上げることを得意としています。人の話をじっくり聞くというよりも、自分が起点となって場を盛り上げることが得意な傾向があります。

一方、大きなリアクションはとらず、多くは語らないのですが、「傾聴《けいちょう》」によって絶妙なあいづちや質問で話を広げるタイプの人もいます。

このタイプの人は場の空気をなごませる「調和派」。相手を受け止める力、人の話をふくらませる力に長けています。「相手の言いたいこと」を理解してあいづちが打てるので、口数が少なくても人に好かれることが多いでしょう。

他方、見よ〜くうなずいて話を聞いてくれているように見えるのですが、それは単なる「ポーズ」で実際にはまったく聞いていない、という人がいます（笑）。これは効率を重視する「スマートな合理主義」な人の特徴であり、自分のためになるところだけを効率よく取り入れようとする傾向が見られます。このタイプの場合、自分に利があると感じたことにはガンガンつっこんで質問をしていきます。

また、手などをたくさん動かしながらしゃべる人は、ただ単に興奮しているだけのこともありますが、これは「自分を大きく見せたい」と考えている人が無意識のうちにとる行動でもあります。この傾向があるのはリーダータイプの人、自由人の人、芸術タイプの人などで、他の要素と合わせて見てみると判断しやすくなります。

一方、ほとんど目が合わず、リアクションをしない、表情が薄い、といった人の場合は、コミュニケーションを遠ざける傾向がありますから、話の途中で会話から離れていることもよくあります。

自己主張派か、相手に合わせる派か

1章で、人は「意識を向けている視点が違う」という話をしました。人間観察の中では、相手が重視している「視点」を見つけると、接するのがラクになります。

相手のニーズはなんなのか、何をアピールしたいのか、どう会話を広げていきたいかは人によって異なるのです。

この傾向を見ると、さらに相手の重視していること、タイプの傾向がわかってきます。判断のポイントは大きく3つ。

1 自分を見てほしい人……自己主張が強いタイプ
2 人の欲求に応えたい人……自己主張が弱く人に合わせるタイプ
3 自分の内面を守りたい人……マイペースでどこか冷めて見えるタイプ

この3つのどこに視点を置いているかでその人の傾向、また現在その人の置かれている心の状態もわかりやすくなるのです。

1 自分を見てほしい人

このタイプの人は「自分」が主体で、ニーズがはっきりとあります。

あるとき観にいった落語で、落語家さんがお客さんの反応がないときに「普通だったら、ここで拍手がわくんですけどねぇ」と噺《はなし》の途中で拍手をお客さんに求めていました。

これは、「自分が芸を披露してるよ！　認めて！」という気持ちのあらわれと読みとくことができます。

また、「新作のブランドバッグを持ち歩く」などのファッション的な主張にも「自分の成果物を見てほしい！」という心の声が読みとれます。

2 人の欲求に応えたい人

このタイプの人は相手が主体であり、人のニーズをいつも探している特徴があります。

たとえば前述した外食でメニューを決めるとき、「ねぇ、何にした？」と相手のメニューをふまえて考えるのがこのタイプです。また、買い物をするときにもたくさんのレビューを読んだり、まわりに意見を求めたりします。

主体的に何かを決めるよりも、評価基準があったほうが決めやすいというタイプです。

3 自分の内面を重視する人

自分の中にはっきりとした世界観・ルールがあり、よくも悪くも相手に迎合しないタイプです。つまり、その場に関心があるかないか、その話題に興味があるかどうかがはっきりしています。話をしていても視線が合わなかったり、あいづちに興味がなさそうなときは、このタイプである可能性があります。

究極に客観的とでも言うのか、常に「第三者」の冷静な目線なので、1や2の人からすると「何を考えているかわからない！」と言われるようなこともあるタイプの人ですが、その根底には「自分の世界観を守りたい」という欲求があるのです。

このような特徴をふまえて人と接していくと、会話の中での誤解が少なくなっていきます。たとえば3のタイプの人は、「人に興味がない」のではなく「その人の中に独自の世界観がある」だけなのです。

SNSの文章やメールでの言葉づかいでも、意識がどこに向いているかがよくわかります。また、この違いをふまえて世の中を見渡していくと、たとえば物語の主人公がどういう気持ちなのか、あるいは楽曲の歌詞などもより深く響いてきたりします。

たとえば太宰治の「人間失格」の有名な一説、

「恥の多い生涯を送ってきました」

という一文からは、自分の内側と記憶に意識が向いている（1のパターンである）ことがわかります。

また、歌詞でも「わたしが」「僕が」という視点の歌、「あなた」「君が」という視点の歌、風景や概念を歌った歌などがあります。

歌手のＡＩさんの「STORY」という曲を例にとると、

一人じゃないから
私がキミを守るから

という一節があります。主語は自分ですが、相手がどういう状態でもちゃんと見ているよという視点で、人に目が向いている（2のパターンである）ことがわかります。

一方で、研究文書や歴史書などには、まったくもって感情的な要素はなく、事実のみがたんたんとつづられますよね。このパターンは3に当てはまります。

このように世界を見回してみると、新しい発見が出てくるはずです。

反射の速度にも性格が出る

会話の中での「反応速度」も、人間観察では重要なポイントです。

反応速度とは、コミュニケーションのスピード。答えるのが早かったり、遅かったり、言葉を選んだり選ばなかったり。このような違いにもそれぞれ特徴が出てきます。

反応が早いのは「完璧主義」タイプの人が代表格。頭の回転が速い人が多く、特に自分が「わかる！」「知ってる！」ことが話題になると興奮を覚え、相手が話しきる前に「知ってる！」が出てくることもあります。

この傾向は、合理性を重視する「スマート合理主義」な人や「リーダー」タイプの人も同様で、テンポのいい会話のやりとりを好みます。

「自由人」な人も会話のおもしろさを重視しますので、会話のテンポは必然的に速くなります。

また、「ムードメーカー」タイプの人も「あなたのそばにいますよ」という感覚を大事にするので、あいづちのタイミングがよく、また空気を読んで言葉を選ぶので場が盛り上がります。話の中身よりも、目の前の人と「心地よい時間を過ごす」ことを重視しており、「うんうんうん！　わかるよ！　そうだよね！」と常に肯定的です。

リスクヘッジを重視する「安全第一」タイプの人は、相手がどう思うかを先読みします。そのため沈黙に耐えられず、一生懸命スキマを埋めようとする特徴があります。

そんな中、反応速度が遅めなのが「調和派」の人です。このタイプの人は、流れる時間感覚が他の人に比べてゆっくりです。イメージとしては、子どものおもちゃでよくある「ボタンを押すと液体の中で輪投げや玉入れができるおもちゃ」のような、そんな時間感覚だと思ってください。

体の中に言葉を入れ込んで、そこからじっくり味わって、わいてくる言葉を口に出すというコミュニケーションを好むのです。

それを「ねぇ、どっちどっち？」「どうするの？」「早くして」「決めて」などと急かされると、せっかく上がってきたその人の言葉がまたお腹の中に戻ってしまいます。相手からすれば「ただ質問しているだけ」なのですが、それがストレスになるのです。ストレスが

ボタンを押すと輪投げなどができるおもちゃ
（ウォーターゲームというそうです）

一定のラインを超えると、そのまま黙ってしまいます。

自分の時間感覚を絶対的なモノサシにするのは、コミュニケーションにおいて齟齬《そご》を生む原因になります。

流れる時間感覚が違うことを理解すると、円滑になってきますよ。

口癖による性格診断

人を観察するにあたって、とても大きな判断材料になるのが口癖です。

というのも、どれだけ服装や行動に気をつけていても、無意識に出てしまうのが口癖だからです。私も人を解析するセミナーなどでは意図的におさえようとするのですが、盛り上がったり興奮してきたりすると、確実に出てきます（笑）。隠したくても隠しきれないのが口癖なのです。

試しに家族や友人などにあなたの口癖を聞いてみてください。自分の思っている口癖とは違うフレーズが出てくる可能性があります。無意識の言葉であるほど、自分では認識が難しいからです。

ここでは、特にその人の性格的な特徴をあらわすフレーズをご紹介します。これらのフレーズ、あるいは類似するフレーズを口にしていないか、ご自身で振り返ってみましょう。

①「ちゃんとして」

この口癖は、「人としてよくあること」を大切にしています。ちゃんとして以外に「普通は」「べき、すべき」「正解（これって正解なの？　など）」「人としてどうなの」「そういうこともあるかもしれないね」「それってムダじゃない？」などの口癖も同じ分類です。

このタイプの人は「まじめだね」と言われることを嫌がる傾向にありますが、人に迷惑をかけない、ムダをつくりたくないという意識がこのような口癖に出てきます。

②「なんかそういう感じ」

ウキウキ・ワクワクすることを大切にしています。このフレーズのとおり、フィーリングでものを捉えます。擬音語が多く、なんとなくのニュアンスを重視します。

「シュッって感じ！」「いい感じ！」「ふわ～っとね！」「ドキドキ！」「ワクワク！」「なんかよくわからないけど、ともかくいいんだよ」といったフィーリング語の他に、「なんかあったら言ってね！」「～してあげたい」「～してあげられなくてごめんね」など、愛情の深さを表現するような言葉も、このタイプに共通する口癖です。

③「ペイできるよ」

ペイという言葉からわかるように、効率よく大きな利益を生むことを大切にしています。あまり感情的にはならず、仕組みをつくったり、仕組みの中での生活を重視する傾向があります。

「ウィンウィン」「それ、やばくない？」「時給で考えたらありえなくない？」「気持ちはいったんわかったけど、ひとまずこうしたらいいんじゃない？」などもこのタイプの人の口癖で、アメリカ的なビジネス思考や成功の形が連想されます。そうしたスマートさや効率を重視したいという意識のあらわれです。メリットが大きい仲間づくりも重視します。

④「思いがあったらできるよね」

自分の気持ちや精神を大切にしています。感情的にふるまい、相手に同じ温度や重みを求める傾向にあります。

「失礼じゃない？」「絶対そう思ってるよね」「自然に生きたい」「全部捨てたい」「素敵！」「どうせ私なんて」などがこのタイプの代表的な口癖。非常に繊細な内面を持つ一方、とっても情深く純粋な個性派・芸術家タイプだと言えます。

⑤「つまり、こういうことですか？」

事実を追いかけることを大切にしています。感情は「概念化」しているので、感情的にものごとを捉えるのは得意ではありません。

「わかりました」「あ、いえ」など人に言われたことに対して同じパターンで返答する姿をよく見ます。「報連相《ホウレンソウ》」という概念が辞書にないので、まわりの人に「言ってよ！」とよく言われることも。研究者気質というとわかりやすいタイプでしょうか。

⑥「え、本当に大丈夫？」

リスクヘッジを大切にしています。さまざまなことに思いをめぐらせ、頭の中でシミュレーションをしています。

「どうしたらいいですか？」「それで本当にうまくいきますか？」「嫌いじゃないです」「普通そうですよね？」

①の「ちゃんとして」と似ているようですが、このタイプは主張するというより、他の人と足並みがそろっているときにもっとも安心できます。そのため、自分に責任が生じないような言葉を好んで使います。石橋を叩いて渡るタイプなのです。

何か決断を迫られたときなどには、「本当にやりたいかって言われると～……」と脳内会議の様子が口に出てしまう特徴もあります。

⑦「大丈夫大丈夫」

刺激や体験を大切にしています。深刻になったり、ネガティブな場面を避けるために楽しむことに重きを置いています。

「そうそうそう」「なるほどなるほど」「はいはいはいはい」「だいたいわかった」「つまんない」「なんかおもしろいことないかな～」など、軽薄に聞こえる言動が多く聞かれます。「おすすめ」という言葉を使った情報交換にも忙しいタイプです。

⑧「絶対そうです」

自分の信じている世界を大切にしています。カリスマ性とリーダーシップによって、自分が中心となって世界をつくりだしたいという欲求の強い人です。

「絶対許さない」「バカにしてんの？」といったケンカ上等な一面を見せる一方で、これと決めた相手は徹底して守ります。また、割と新しいもの好きで「それいいね！ やってみよう」「思いついた！」と既存のプロジェクトをひっくり返すこともよくあります。

⑨「どっちでもいいよ」

まわりの環境調和を大切にしています。和を保つためにほとんど自己主張しません。「わからない」「めんどうくさい」「大丈夫です」「眠い」と、主張から離れるような言葉を選びがちです。決定などを強引に迫られると黙ってしまうこともよくあります。

いかがでしょうか？

この口癖診断も、実は自己診断と他己診断が大きく違うことがあります。試しにまわりの家族や友人などに聞いてみてください。

中には、「え〜、そんなに言ってないよ〜！」と否定したくなることもあるかもしれませんが、「いい」「悪い」ではないのです。どんなタイプの人もいい面と悪い面を持っています。いい面が強く働けば、自分もまわりもうまく回るのです。

いい面を引き出すには、まずは自分の現状を的確に把握することが大切になってきます。他の人に言われた口癖の中に自分の「本質」が眠っている可能性も大きいのです。

タイプ⑥　タイプ⑦

ちなみにですが、**自分のことに無意識な人のほうが「他人の癖」には敏感な傾向があります。**

人の口癖に対して自分がどんな感覚を覚えるか（「自分も使っている」、「使ったことがある」、「絶対に使わない言葉だな」など）考えてみるのもおもしろいですよ。

膨大に見える性格も、基本9タイプに整理できる

口癖のパートで人を9つのタイプに分けて紹介をしましたが、実はこの分類は「エニアグラム」という性格分析の手法を元にしたものです。エニアグラムは古代ギリシアに起源があるとされ、世界中の企業やCIAなどの公的機関でも採用されている性格診断ツールです。

一般的には100個ほどの質問項目に答えることで「あなたはこのタイプです」と性格の傾向が診断されるもので、試したことがある人もいるかもしれません。私もこのエニアグラムをヒントに人間観察を行っています。人の行動原理を知るという意味では、非常に優秀なツールなのです。

ただ一つ問題があって、長年性格の研究をしてきて、私は個人的にエニアグラムの「自己診断」の結果をアテにしていません。ネット診断の多くは、100問ほど質問に答える

必要があるわけですが、これはたくさんの問いに答えてもらい、傾向のぶれを探らなくてはならないからです。

そのぶれの調整をしたとしても、「完璧主義」タイプの人がやったのに、「個性派」の診断が出たり、「個性派」の人がやったのに、「調和派」の診断が出たりします。

ですので、まずは性格と人間観察の基本をお伝えできればと、徐々にカテゴリーの話をしてきました。

授業で「性格ってなんだと思います？」と質問をしてみても、答えはバラバラです（「生まれ持ったもの」「環境で変化するもの」「考え方の基本」「個性」などなど）。

私は、性格とは大きく2つの要素からできているとお伝えしています。それは、

・自分の持ち物（＝自分の核となる本質）
・親たちからもらった持ち物（＝本質を護るためのギプス）

の2つです。それぞれ説明しましょう。

まず、一つ目の「自分の持ち物」とは、無意識レベルでの性質とでもいいましょうか。

「三つ子の魂百まで」と言うように、オギャーと生まれたその瞬間からそなわっているもので、自分自身の核となる性質です。

一方、親たちからもらった持ち物とは、後天的な影響のことです。三つ子の魂百までと言いながらも、私たちは自分が思っている以上に環境や人間関係の影響を受けています。母親や父親を筆頭に、先生、友人、職場の上司など、人と接する中で色濃く影響を受けていくのです。

この後天的に身につけた持ち物が自分の性質とごちゃ混ぜになっていると、自己分析は難しくなります（ほとんどの場合、ごちゃ混ぜです。そのため、あの要素もこの要素も自分のことかもしれない……と思えてきます）。

そして、さらに自己分析を難しくするのは、受けているストレスの有無です。

実は、**平常時、ストレスを受けている状態、調子のいい状態を比較すると、同じタイプでもまったく違うタイプのように見えることがある**からです（これにも法則があって、このあと具体的に紹介しています）。

ストレスが大きくなると、無意識のうちにとってしまう行動があるのです。このような性格の仕組みを把握したうえで、なおかつ客観的に見ないと自己分析は正確にできません。

……と、そう説明すると果てしないように感じるかもしれませんが、大丈夫です! なぜなら、**人のことならよくわかる**からです。

第三者として人のことを観察していると、それぞれのタイプがどのような特徴的なふるまいを持っているか、それがどんな行動原理によって起きているかがよくわかります。

そうした他人の観察を通して、自分自身の本質的な性質である「自分の持ち物」に気づくことが、このカテゴライズをすることの最終目標だと考えてください。自分の本質がつかめてくれば、反対に自分がどんな影響を受けていて、どんな要素を持っているかがはっきりしてきます。

客観的な判断の仕方は、本書のこの先でお伝えしていますので、まずは全部で9つの性格タイプのより詳細な説明を見てみましょう。自分がどこに当てはまるか考えてみてください。

本書をひととおり読んだあとでこちらのページに戻ってくると、また違った印象があるかもしれません。

いずれにせよ最終的に大切なのは、自分が納得すること。しっくりくることです。

タイプ 1

よくしたい人

口癖 「ちゃんとして」

「すべき」

「人としてどうなの？」


このタイプの人は、「改善欲求」の強い人です。「ものごとをよくしたい」という思いが価値の中心にある完璧主義タイプ。満ちているところより欠けているところに目が向き、ものごとの善悪、白黒をはっきりつけたいという性質があります。

そのため、悪しき慣習にメスを入れられる強さも持ち、やり始めたことは最後までやり遂げる粘り強さがあります。伝統やものごとの筋など「正しさ」を求める傾向があり、ストイックでがまん強いのですが、同じルールを他の人に強いることもあります。その裏には「間違えること」への恐怖があるのですが、そのおかげで仕事は正確。また、いいものを見極める目を持ち、質の高いものを好むタイプ。美しいものをつくることも得意です。

服の傾向：天然素材の肌触りがいい、質の高いもの。洗練されたブランド品を持つことも。アクセサリーはシンメトリーのものなど
机：きれいに整理整頓され、どこに何があるか把握している
食事：自分が食べられるものをきちんと伝える傾向。安全性にもこだわりあり
姿勢：肩が縮み、上がっているいかり肩の傾向
調子がいいとき：明るく聡明。公平で秩序だっている
ストレスを受けたとき：批判的になり、自分の基準を強要する
タイプ②の要素が強いと、より外交的になるが、より怒りをためやすい傾向に
タイプ⑨の要素が強いと、穏やかだが、人と距離をとる傾向がある

タイプ2

してあげたい人

口癖「なんかそういう感じ」
「いい感じ！」

このタイプの人は、明るく楽天的な「ムードメーカー」です。弱っている人に寄り添うのがうまく、困っている人には手を差し伸べます。フィーリングでものごとを判断しますが、平和を愛しているので争いは避けます。
「どうしたら目の前の人が喜ぶだろう？」を基準に、人に何かをしてあげたい、教えてあげたいと行動をします。特に好きな人のためにはフットワークが軽く、自分のことは後回しにしてでもアグレッシブに動きます。サービス精神はピカイチで、おもてなしは誰より上手です。

服の傾向：華やかな色。パステルカラーなども好む
机：お気に入りのものや、かわいいものであふれる
食事：好きな人と食べられればなんでもよし
姿勢：首が前に出がち
調子がいいとき：親切でフレンドリー。愛情深い
ストレスを受けたとき：わがままになり、自分の意見・親切を押しつける
タイプ①の要素が強いと、より人に尽くす傾向がある
タイプ③の要素が強いと、身近な人をいっそうもてなす傾向がある

タイプ3

達成こそ価値な人

口癖
「ペイできるよ」
「ウィンウィン」
「時給で考えたら」

このタイプの人は、「目標達成」を何より重視するタイプです。高い目標を掲げ、そのイメージに近づくことに全力を注ぎます。目標達成のための仕組みづくりと仲間づくりを大事にするのですが、一方でメリットのない人は眼中に入らないという面もあります。ただ、進んで争いはしないので社交性は高い傾向です。
最小の労力で最大の成果を生み出すことを重視するので、経済を大きく動かす人も多く、「最終的にペイできる」と判断すればリスクを取って動きます。トップになることや魅力的であるためにはコツコツと努力を積み重ねることができるので、結果もついてくるタイプです。

服の傾向：ハイブランド。海外ブランドの時計。または自分の目的に合ったもの
机：すっきり。パソコンのデスクトップもまとまっている
食事：プロテインなど、今のビジョンに適した食事
姿勢：意識的によくしている
調子がいいとき：社交的で努力家。「理想的」な人物像となる
ストレスを受けたとき：人に優劣をつけ、価値を感じないものに無関心になる
タイプ②の要素が強いと、より人の好感を重視してふるまう傾向がある
タイプ④の要素が強いと、仕事での評価を求める傾向がさらに強くなる

タイプ 4

自分自身でありたい人

口癖　「思いがあったらできるよね」
「失礼じゃない？」

このタイプの人は、「自分を表現したい」という情熱で燃えており、その表現方法を常に考えています。ただし、そのエネルギッシュさゆえにパワーを持て余して、自分自身の状況に一喜一憂することも。ものごとをドラマチックに捉える傾向があるので、理想と現実との間で悩むこともありますが、一方で柔軟に思考を変えることもできます。情深く、繊細にものごとを捉えることができ、その観察力と集中力は人一倍で、質の高い創作が得意です。

服の傾向：個性派。「人とは違う」色やアイテムを選ぶ傾向。個性的で品のあるもの
机：カオス期と何もない期を繰り返す傾向。好きなものコーナーをつくりたい
食事：気に入ったものをずっと。自分の気分に合ったもの
姿勢：肩が内巻き。骨盤は後傾の傾向
調子がいいとき：他にはないユニークな表現、柔軟で想像力に富む
ストレスを受けたとき：人の関心を過度に求める 。自分の気持ちに固執する
タイプ③の要素が強いと、競争意識が高くなり、ステップアップを目指す傾向がある
タイプ⑤の要素が強いと、より独創性が強くなり、想像の世界に入り込む傾向がある

タイプ 5

事実を追える人

口癖 「つまり、こういうことですか」
「あ、いえ」

このタイプの人は、いつでも「事実ベース」でものごとを見ます。情報収集能力や集中力がずば抜けている一方で、興味のないものに関してはからっきし。人生の中で「人と関わる」ことを前提にしていないので、報告・連絡・相談は辞書にありません。ただし、ものごとを追求する力とそれを継続できる力は群を抜いています。人の失敗にも寛大で、忍耐力も強いです。
比較的無表情なので、「変わってる」と言われるかもしれません。しかし、感情的な人たちが白熱する中で、ひゅっと事実を見せ、争いを鎮める力があります。

服の傾向：独特のこだわりがある。一方で寝癖があったり、服がよれていたりシミがあったりもする
机：カオス。基本的にプリント物などは角が合っていない
食事：こだわりはさほどなし。しかし事前に情報があったものは試したい
姿勢：猫背。うつむきがち
調子がいいとき：冷静で社交的
ストレスを受けたとき：コミュニケーションから遠ざかり、二次元世界に逃亡する
タイプ④の要素が強いと、芸術分野やファンタジーへの興味が強くなる傾向がある
タイプ⑥の要素が強いと、科学技術や史実への関心が強くなる傾向がある

タイプ 6

シミュレーションの人

口癖
「え、本当に大丈夫？」
「それでうまくいきます？」
「嫌いじゃない」

このタイプの人は、「リスクヘッジ」の達人。働き者であり、自分が今所属している組織の中でどのように動けばうまく回るかを考えられる人です。家族や組織を守ることへの責任感もあり、フォロー力もあります。ただし、その高いフォロー力のせいで頼まれてもいないことにまで気をきかせて、損した気持ちになることもあります。考える時間が多いので現実での動きは少ないこともあるのですが、組織が回っていくには欠かせないタイプで、日本が安全なのはこのタイプのおかげとも言えます。

服の傾向：無地でデザインが華美でないもの
机：表はすっきり。中にいろいろまとめ入れの傾向
食事：味の想像がつきやすく、前後の予定に響かないもの
姿勢：前傾姿勢。片足立ちの傾向も
調子がいいとき：決断が早く行動力がある
ストレスを受けたとき：脳内会議が止まらず、現実世界がまったく動かない
タイプ⑤の要素が強いと、法律や科学への関心が強くなる。攻撃的な傾向もある
タイプ⑦の要素が強いと、家庭や仲間との付き合いを重視する傾向がある

タイプ 7

ワクワク大冒険な人

口癖 「大丈夫大丈夫」
「そうそうそう」
「なるほどなるほど」

このタイプの人は、人生に遊びを求める「自由人」。興味優位でさまざまな気になったことに飛びつきます。企画力と実現力が高く、仕事も速いのですが精度はあら目で難があることも。
頭の回転が速く、多くのことを一度にこなすことができます。活動的なので予定はびっしりになりやすく、山手線のダイヤのごとく動きます。重たい話や悲しい話を聞くのが苦手で、常にポジティブにものごとを捉えようとします。

服の傾向：バラエティーに富んでいる。しかし、肌触りのいいもの
机：見えるところはおしゃれに。なくさないようにしまったものが出てこない
食事：なんでも食べる。未体験のおもしろそうなものには飛びつく。定期的に神経質になることもある。かと思えば急にジャンク
姿勢：反り腰ぎみ。しかし意識的にいい姿勢をする傾向
調子がいいとき：落ち着いていて、人に対しての感謝が強い
ストレスを受けたとき：騒がしく、落ち着きがなく、人に対する関心が薄い
タイプ⑥の要素が強いと、協調性があるが、何ごとも見切りが早い傾向がある
タイプ⑧の要素が強いと、大胆で戦略的。毒のあるユーモアを好む傾向がある

タイプ8

ザ・リーダーな人

口癖
「絶対そうです」
「やってみよう」
「バカにしてんの？」

このタイプの人は、人の上に立つことが好きな「リーダー」タイプ。勝ち負けにこだわり、人を敵・味方で判断する傾向があります。直感的で野性的な行動力を持っていて、高速で動き回ります。ただし、豪快に見えて意外と陰で行動していることも多く、こっそり全貌を把握しようとする面も。
お金をパワーと考え、何ごとも「拡大」することに興味があります。いいと思ったものは次々に取り入れ、常に新しいことにチャレンジします。陣地を広げるための拡散力と発言の強さを持っています。

服の傾向：いいものを安く。品質そのものよりも「高見え」する服を好む傾向
机：すっきり。どんどん捨てながら常に整理されているか、ゴミ山かのどちらか
食事：「ジャンク」か「グルメ」
姿勢：両足でしっかりと立ち、お腹に力が入る。手をこまねきがち
調子がいいとき：人を排除せず、人の意見にも柔軟で人を引っ張る強さがある
ストレスを受けたとき：敵だと思った相手を徹底排除。まわりにネガティブキャンペーン。より理不尽かつ傲慢に
タイプ⑦の要素が強いと、独立志向が強くなり、リスクを取る傾向。より攻撃的に
タイプ⑨の要素が強いと、落ち着きがあり、家庭的な傾向。ただし二面性もある

タイプ9

みんなの和を保つ人

口癖 「どっちでもいいよ」
「わからない」
「大丈夫です」

このタイプの人は、その場のバランスや調和をとってくれます。その人柄はなごみ系で、「受容的」であり「受動的」という、他人を受け入れる懐の広さがあります。自己主張するという選択肢はなく、なんとなくいつもまわりに合わせてくれます。
一方、実はマイペースで頑固な面もあるので、無理やり意見を通されるとすべてがイヤになってしまうこともあります。ついいろんなことを後回しにしてしまうので、なかなか決められなかったり、決めたとおりにスケジュールが進まないことも。気がついたら時間が経過しているのはよくあることです。のんびり穏やかな生活を望んでいるタイプです。

服の傾向：ナチュラルでシンプル。あまり華美なものや化学繊維は好まない
机：たくさんものがあってもまとまっている
食事：あるものをおいしくいただきます
姿勢：あごが上がりがち。口が開いていることも
調子がいいとき：自分の意見を最後まで言えて、自分で決めたことを投げ出さない
ストレスを受けたとき：動かない。布団から出ない。反応しない
タイプ⑧の要素が強いと、パワフルで社交性が高くなるが、急に不機嫌になることも
タイプ①の要素が強いと、理想の形がはっきりし、道徳を重視する傾向がある

性格をどう考えるか？

さて、以上9つのタイプがあるのですが、あなた自身はどこに該当すると感じたでしょうか？

このカテゴライズの話をすると、「そもそも分類されるのが不愉快だ」という人もいます。それはそうですよね。自分の人生を浅く見られたようで腹が立つこともあるでしょう。

そのご意見はそのとおりで、カテゴライズがすべてではないのです。

また、ある面ではタイプ②だけれど、ある面ではタイプ④でもある、⑨の面もあるかもしれない……というように、いくつかのタイプが自分に当てはまるなぁと思った人もいるでしょう。これは多くの人がそうなのです。

いったいどう考えればいいのでしょうか？

そもそも、9つのタイプも完璧に白黒分類できるわけではありません。そのタイプの特徴しかない、ということではなく、グラデーションのようなものだと考えるとわかりやすいでしょう。中心となるタイプをもとに、他のタイプの特徴が出ることもあるのです。特に、となりあった数字のタイプの要素が出てくる傾向があります（たとえば、タイプ②の人なら、タイプ①やタイプ③の特徴が反映されることもあるのです）。

ただ、細かいところは気にしないで、自分の本質的な行動原理を知ることが何より重要になります。**自分の本質をあらわすタイプが必ず一つある**のです。

その見抜き方のポイントは、**「無意識の中にこそ性格が出る」**ということです。服、机、メモ、メニュー選び、口癖、さまざまなポイントをお伝えしましたが、人が「よし、こうしよう！」と考えて意識的にしていることは、実は後天的な影響によって判断していることがよくあります。そのため、何も考えずに無意識のうちにとっている行動の中にこそ、自分本来の性質が見えやすくなります。

「人のことはよくわかる」というのは、これが理由です。自分の無意識はわかりにくいですが、人の無意識は観察できますよね。

自分の無意識の行動を把握するには、人間観察をしているときに「感じたこと」を大事にしてみてください。人の行動や価値観を観察したとき、すごく共感したり、あるいはすごくネガティブな感情をかきたてられたりすることがあります。

その反応が、「本質的に近しいと思うから起きた」のか、「自分もそうなりたいと思ったから起きた」のか、「自分を見ているようでイヤだから起きた」のか、「コンプレックスを刺激されるからイヤ」なのか、といった具合に少し踏み込んで考える習慣をつけると、自分の行動原理がわかりやすくなるでしょう。

自分の本質がわかっていれば、どこを妥協できて、どこはできないか選択肢が生まれ、人とのやりとりもスムーズになります。

このあとの章では、それぞれのタイプの違いがどのような行動で出るのか、そのときの行動原理はどこにあるのか、具体例を使いながら見ていきます！

人間観察の手順

STEP 1 見た目

- 服の印象、素材、色、
特徴的なアイテムなどをパッと見で
- 座っている席や机の上など
パーソナルスペースの使い方は？

STEP 2 コミュニケーション

- 自己主張派？ 合わせるタイプ？
関心のないタイプ？ 反応速度は？

STEP 3 話す内容

- 相手が重視しているのは何？
楽しさ？ メリット・デメリット？
- どんなテーマの話をしている？
話は飛ぶ？ 論理的？ 過去の話？
- 特徴的な
キーワードや口癖は？

Chapter 3

行動原理がわかれば、理解できる

表面的な行動の裏にある行動原理を見つけよう

さて、2章では人間観察の基本と、性格の目安となる9つのタイプを紹介しました。

この3章では、2章の内容をさらに深めて、人間観察をする中で判断に迷う場面での考え方や、あるタイプの人とうまく付き合っていくにはどんな言動をすればいいのかを見ていきたいと思います。

そもそも、すべての言動には「欲求」が存在しています。欲求というと、「～がほしい」「～がしたい」と、何かを求めること、と一般的には考えられていますよね。

ですが、では「なぜ〝～がしたい〟という欲求が出てくるのか？」と考えたことはあるでしょうか。

人の欲求をかりたてるものは何かと追求していくと、実は「恐れ」にたどりつきます。 それぞれの性格のタイプには、こうなったらイヤだという恐怖の種類があるのです。

その恐れから逃れるために、「何かをしたい」「何かをせねばならない」といった欲求がわいてくるのです。

それぞれのタイプの根源的な恐怖は、こんな感じ。

タイプ①……間違うこと、欠陥があると感じること
タイプ②……人に愛されないこと
タイプ③……自分には価値がないと感じること
タイプ④……自分が特別でないと感じること
タイプ⑤……人の役に立たない、無力であると感じること
タイプ⑥……安全でないと感じること、同じでないこと、嫌われること
タイプ⑦……ネガティブなことにあうこと、楽しいことを奪われること
タイプ⑧……傷つけられること、支配されること
タイプ⑨……自分の世界が傷つけられること

たとえばタイプ①「よくしたい人」は完璧主義だとお伝えしていますが、根本的には「間違うこと」を恐れています。間違わないように正しさを追求するのです。すべてのタイプが同様で、恐れから逃れるために欲求が出てきて、行動の特徴として出てきます。

人の行動原理はコンピューターやスマホのOSのようなものだとお伝えしましたが、本当にそんなふうにシステムが組み込まれているのです。

同じ人間、同じ日本人、同じ組織の仲間、同じ家族、「だから同じように考える」のではありません。**機能・役割がそもそも違っている。そう考えたほうが互いの理解も進みますし、自分自身もラク**だと思います。

たとえば、自分が炊飯器だとしますね。「米を炊く」という機能を持ち、その世界でがんばってきました。炊き込みご飯も、おかゆも炊けます。

しかし、あるとき「冷蔵庫」というやつに出会ってしまいました。やつらは、食材を冷やしたり、冷凍したりするのが得意だと言っています。

そんな両者が、互いの違いを受け入れられないとこうなります。

炊飯器：「普通、お米炊けるでしょ？（笑）」
冷蔵庫：「いやいや、米炊くのは負け組（笑）。冷やせないんでしょ？」

と、相手のあり方、機能や役割を受け入れない状態の会話というのは、つまりこのようなことなのです。マウンティングし合ったところでどうやったって折り合いません。

また、性格というのは「成長」していきます。自分の本質にまっすぐに成長する場合は稀で、特に親のタイプによって大きく影響を受けます。

温めることを得意とする「楽天的」な電子レンジが、「リーダータイプ」の冷蔵庫のもとで育ったとします。

そうすると、

（親）冷蔵庫：「レンジよ。家電っていうのはな、冷やしてナンボなんだぞ」

（子）電子レンジ：「そうか！　冷やせないものに価値はないんだね」

と、このような形で親のタイプに考え方を寄せていくようになります。

両者の組み合わせによって、放っておいてもうまくいく場合もあれば、互いに理解するための努力が必要な場合もあるのです。

今、**自身の性格で悩んだり、落ち込んだり、感情が波立つことが多いような人は、育っ**

てきた環境などによって自分の本質をうまく理解できていないのかもしれません。

つまり、本質とはまったく違う方向で性格の成長を進めてしまっている、という可能性があります。

その居心地の悪さに耐えられなくなり、がんじがらめになっていることもあるのです。

人間観察を進めていくことで、一度本来の自分を思い出し、そのうえで行動の指針を決めてみてほしいと思います。

では、見ていきましょう！

理解する前に「そうだよね！」が出ちゃう人の行動原理

あるとき、友人を連れてドライブをしていました。少し遠くのほうに花畑を発見した私（運転席）は「あ、すごい！」と言いました。するとすぐさま、助手席の友人は「ほんとだ〜！」と言いました。**しかし、友人は花畑を見ていません。違う方向を向いています。**

このように、「すぐさま人に同調できる」のはタイプ②「してあげたい人」に見られる特徴です。

このエピソードを紹介すると、タイプ②の人たちは「あ、そっか〜！」「うんうんうん！すっごくよくわかります！」などとてもいい反応をしてくれます（笑）。

この反応速度の速さに、人によっては「テキト〜な人だなぁ」とか「ウソでしょ？」「そんなこと絶対思ってないでしょ？」と感じるかもしれません。

ですが、彼・彼女らの気持ちを代弁すれば、「毎回、本当にそうだな！　って思ってるんだよ」なのです。加えて、こんな言葉も出てきます。「わかってあげたい」「わかってあげられないのかなって思うんです」。

このタイプの人たちの行動原理は「思いやりのある人間でい続けること」にあります。

「大好きな人のそばにいてあげたい」という軸があるのです。

あるときの授業で、クラスの半分がこのタイプ②で、もう半分はロジカルシンキングを大事にする①、③、⑤、⑧といった人たちに分かれていました。

冒頭と同じエピソードを話して、「どう思いますか?」と聞いてみたのです。

すると、ロジカルチームからは「理解してから返事をしてほしい」「わからないなら聞いてほしい」「中身がないなって思っちゃう」という反応。

一方、②のチームからは「すぐに返事をしてくれたほうが嬉しい」「反応が早いほうが盛り上がる」という声があがりました。そして、「会話にスキマがあくと大丈夫かなって不安になっちゃうから」という意見が出てきたことで、ロジカルチームは「なるほど、そういう原理ですか」と納得できたようでした。

②のタイプにも強弱がありますが、「いっときたりとも離れない」「ちゃんとそばにいる」ことが安心感であり、反対に「そこにいない」「距離がある」「間《ま》がある」ということは不

安になるのです。

冒頭のケースの場合、そもそも私が「あ、すごい！」のあとで「見て、右前のほうに花畑があるよ」と対象を示せばコミュニケーションは深まっていたことでしょう。

相手とのやりとりの中で「あれ？」という違和感が生まれたときには、まず「違う行動原理が働いている」ということを意識してみてください。

要望があるのであれば、相手に自分はどう感じたかという理由とともに伝えることで、理解が進み、折り合いやすくなってきます。

「最先端」「ハイブランド」「成功」に惹かれる人たちの行動原理

昔、とあるファッションブランドの売り子をしていました。ある日、本社に出向いたとき、カラーシャツのボタンを第二、なんなら第三くらいまで開けたいい感じの日焼け上司がこう言いました。

「君さぁ、ブランドってなんだと思う?」

そしてブランド品のマークを指で出したり隠したりしながら「このロゴだよ、ロゴ! ここに価値があるわけ」と。

このようにハイクラスなものなど、**「いいイメージがするもの」を愛するのはタイプ③「達成こそ価値な人」に見られる特徴**です。

「ハイクラス」「トップ」「成功者」「一流」といったイメージに憧れ、そこに近づくことを行動原理としています。

このロゴだよ、このロゴ

　このタイプの人は「ビジョンを持て」というメッセージに共感し、高いビジョンを持ち、追い立てられるように努力をします。

　ただ、努力の過程を見せることはあまりなく、人知れず努力を積み重ね、「こうなりました」の結果を人に見せる傾向があります。

「自己管理できる人間」というイメージも好まれ、たとえば「ミランダ・カーが飲んだ甘酒」と聞けば飲んでみたり、「シリコンバレーの起業家がトライアスロンをしている」と聞けば生活に取り入れます。

「意識高い系」などと言いますが、そのとおり意識が高いのです。

　仕事でも「仕組みづくり」がうまく、汗水たらして働くというよりも、いかに効率を高めるかに集中する傾向があります。とにもかくにも、合理的でスタイリッシュでハイクラス。これが行動原理になります。

一つやっかいなのは、タイプ③の性格が強くなればなるほど、「別の誰か」になろうとしてしまうことです。理想のビジョンにかりたてられて、自分を徹底的に追い込んで結果を求める傾向があるので、その結果、努力するほどに本来の自分からどんどん離れてしまうことがあります。

本来の白分に気づくキーポイントは、まわりの人です。「自分の利害に一致する人ばかり」でまわりが構成されていると感じたときは、一時停止のポイントかもしれません。

タイプ③の人は人間関係もメリット・デメリットで考える傾向があり、抱えているストレスが強くなるほどその傾向が強く出てきます。そのため、すごくイヤミな人に見えることもあるかもしれません。

ただ、センスのいいものや新しい仕組み、便利なサービスが生まれたりするのは、彼らのようなタイプがいるからこそなのです。

彼らが熱心にしていることと同じことをする必要はありませんが、「へぇ～いいじゃん!」と楽しめる余裕が出てくると、いい距離感で付き合えるでしょう。

「どう思ってるの?」と意見を聞かれたときフリーズする人の行動原理

服や映画など自分の好きなものについて話すとき、あるいは話し合いやケンカをしているとき、相手に意見を求めることがあるかもしれません。

「これ、どう思う?」

「これについて、どう思ってるの?」

しかし、このような感情的なこと、感覚的なことを聞かれたときに、まるで氷になったかのようにフリーズしてしまう人がいます。

それがタイプ⑤「事実を追える人」です。このタイプは比較的無口で、無表情。仕事でもプライベートでも、その日あったことを報告したりすることはなく、また誰かを感情的に責め立てたりすることもありません。

その行動原理は、「事実がどこにあるのかを追いかけ、情報を集める」ことにあります。「客観力の鬼」というか、自分すらも第三者であるかのように眺める傾向があるのです。客観的に見て自分がやるべきだと思ったことには集中し、情報処理を行います。自分の感情すらも「喜び」、「怒り」といった概念として捉えているので、簡単に表には出てこないのです。

このタイプと相性が悪いのが、タイプ②「してあげたい人」です。このタイプの人は、心のやりとりを特に大切にします。人と感情で接し、同じくらいの感情で返してくれることを望む傾向があるのです。

そのため、タイプ⑤の人とタイプ②の人が夫婦になると、相手の考えていることがわからず、②の人が「ねぇ、どう思ってるの⁉」なんて詰め寄ってしまうことが起きます。

このとき、⑤の人の中でフリーズが起きるのです。

どう思っているると聞かれても、何かに対して感情的に入り込むことができないので、答えようがないからです。もちろん、まったく何も感じていないわけではありません。ただ**「ここのこの部分が、○○で合理的だと思う」というような答え方はできますが、「ものす**

ごいよかった！　最高だよ！」といった言い方はできないのです。

タイプ②の人に限らず、感情に重点を置く人たちからすると「そんなの人間らしくない」と思うかもしれません。ましてや家族だったりすると、目線の違いが際立ち、時には「なんでそんな思いやりのないことを言えるんだろう⁉」と腹の立つこともあるでしょう。

実際、タイプ⑤のパートナーを持つ人から「どうしたらいいですか⁉」と聞かれます。

そうした相談には、「相手に〝期待〟というプレッシャーを与えないでください」と答えています。期待（「ちゃんとしてほしい」など）をかけることは、タイプ⑤の人にとっては大きなストレスになってしまい、よけいにうまくできなくなるからです。

また、そのことについて責めたり、感情的に「私の苦しさをわかってよ！」と訴えるのもいけません。こちらの執着が強ければ強いほど、相手も真逆の方向へ行って、距離を置かれてしまいます。

しかしおもしろいもので、**相手を責め立てることなく、「そっ」としておくと、反対に相手が少しずつ近づいてきます**。

彼らは実に忍耐強く、まじめで、誠実です。そのいい面に目を向ければ、他のタイプには決してない、得難い性質を持った人だということがわかります。

彼らは行間や雰囲気を読んで行動するのは苦手ですが、具体的にお願いすれば動いてくれます。

たとえば子どものめんどうを見てほしいときなどは、「これこれこういうときにはこうしてほしい」と具体的に指示をしてあげてください。できる範囲のことをお願いして、結果がどうであろうと感謝を伝えます。

この方法でうまくいくようになったご夫婦はたくさんいらっしゃいます。

高校時代の話をいつでも色鮮やかに語れる課長の頭の中

「俺らのチームではそんなことあたりまえだったよなぁ？　あの試合のときにさー……」と、飲みの席などで何十年も前のサークルや部活の話を、まるで先週の話かのように色鮮やかに語る人に会ったことはないでしょうか？

過去のことを色鮮やかに話せる人は、タイプ⑥「シミュレーションの人（口癖は「え、本当に大丈夫？」）」である可能性が高くなります。

タイプ⑥の人は「リスクヘッジ」を重視します。つまり、未来のことをよく想像している人です。この説明でいくと、「あれ？　なんで？　過去の話をしてるなら違くない？」と思うかもしれません。

実は、**タイプ⑥の人の意識は、未来と過去とを行ったり来たりしている**のです。

「気持ちはあのときのまま」で、将来のことをあれこれ考えて不安を抱えている、というのがこのタイプなのです。

裏返すと、現実のことを考える時間は少なくなりがち。昔あったことか、将来起きうることへのシミュレーションで脳のメモリを使っているのです。

シミュレーションしている内容はといえば、「こうなったらどうしよう、ああなったらどうしよう」「本当にうまくいくのだろうか」「失敗したらどうしよう」「でもこの場合はこうなるかもしれないし……」といったようなネガティブなシミュレーションが多くなります。

この特性が、リスクヘッジの達人たるゆえんです。いつも最悪を想定して、そうならないように保険をかけるスタイルです。

このタイプの人がリーダーとして仕切る会議は……「とにかく長い」のが特徴になります（笑）。会議は長ければ長いほど安心する、という人も少なくありません。**ああでもない、こうでもない、とあれこれ不安要因を挙げていくことが、このタイプの人にとっては安心感につながる**のです。

そのため行動力という意味ではちょっと弱くなるのですが、一方でサポートは上手なので、いろいろ気をきかせて立ち回ってくれます。

こう説明すると「わかりやすそうでわかりにくい性質」と思うかもしれませんが、行動原理がわかると理解しやすいでしょう。

タイプ⑥の行動原理はズバリ、**「悪ものになって嫌われたらイヤだ」**です。責任をとりたくないのも、単純にいえば「嫌われたらイヤだ」という恐怖が生み出している欲求なのです。

タイプ②「してあげたい人」と似ているのですが、タイプ②が「みんなでワイワイ楽しくやれたら幸せ！」という価値観を持っているのに対し、タイプ⑥は「みんなで一つ！一蓮托生《いちれんたくしょう》！」というチームスポーツのような連帯感を大事にします。

みんなで一つ！　の根本には、「自分への信頼のなさ」があります。昔のことをつい昨日のことのように話せるのも、「〇〇の部活のとき」「〇〇に住んでいたとき」「〇〇の仕事をしていたとき」という過去の体験を思い出すことが、自分への信頼を取り戻すきっかけになるからです。

そんな特性を持っているので、タイプ⑥の人はタイプ⑧「ザ・リーダーの人」と相性がいいです。⑧の人は自信たっぷりに「自分は絶対正しい」と主張できるので、彼らが組織の上にいるときには、タイプ⑥の人は「よっしゃあ！」とせいいっぱいがんばってサポートし、力を発揮するのです。

そもそも、日本の組織の多くは、このタイプ⑥の人の働きによって支えられてきました。このタイプの人の働き方は、まさに「傍《はた》（そばにいる人）を楽《らく》にする」もの。「24時間営業」、「年中無休」といった消費者にとってありがたい文化は、このタイプのサポート力によって成り立ってきたものでしょう。

ただ、このタイプは変化に弱いので、何か提案したいことがあるときなどは、リスクヘッジが十分できていることを示すのが重要になってきます。

俺さま系の本質は「実はビビリ」ジャイアニズムの行動原理

「のび太のものは俺のもの。俺のものも俺のもの」。

かの有名な剛田剛《ごうだたけし》さま（ジャイアン）のお言葉ですが（笑）、このような強引な俺さま主義を、私は「ジャイアニズム」と呼んでいます。

ジャイアニズムの世界では、「力があることを示す」ことがともかく大事なので、ムダにケンカを仕掛けます。火のないところにあえて火種を起こすような感じとでもいいましょうか。力を見せるために大きな声をお腹から出し、大きな音を立ててドアを閉めたり、時にはモノを壊したりします。

このジャイアニズムの持ち主は、タイプ⑧「ザ・リーダーの人」です。

絶対的な自信を持ってふるまうことができる、「人の上に立つこと」が目的のタイプだと言えます。

たとえばこのタイプの人が社長だったり役職者だったりすると、人前で「おい！」とか「すぐこれをやってくれ！」なんて大きな声で部下を呼びつけたりします。

ただおもしろいのは、このような行動は基本的に「オーディエンスがいるところでやる」傾向があることです。つまり、「俺は強いんだぞ」というパフォーマンスの一環なのです。暴走族がプリウスのような静かな車で走り回らないのと同じように、あくまでも存在を誇示することが目的にあります。

このタイプの人は**豪快でものごとに無頓着に見えますが、人を「敵・味方」「勝ち・負け」の目線で見ているので、誰に対して強さをアピールするかは、実は吟味しています。**

気に入らないことがある場合には、水面下で情報操作や仲間を増やすためのマインドコントロールを行うこともあり、こっそり動くことも少なくありません。

タイプ⑧の性質は、たとえるなら野生動物。目や鼻がきくので、誰に教えられたわけでもなく「強い人」「弱い人」「利のある人」をかぎわける性質を持っています。

では、その野生の勘はどこからきているかというと、「ビビリ」にあります。

自分がトップでいないと誰かにやられるかもしれないという恐怖が人一倍強く、その恐怖から身を守るために強さをアピールするのです。

ただ、人望がまったくないわけではありません。むしろ、いい状態のときには、それこそ「映画版ジャイアン」のように仲間を守るために力も心も使えるカッコいいリーダーとなります。⑧のリーダーがいい状態で活躍できている組織は、部下たちの士気も高くなるのです。

一方、ストレスが強い状況では、誰にでもケンカをふっかける、吠えて暴れまくる、陰でコソコソ暗躍するといった特徴が強く出てきます。

このタイプ⑧は、タイプ③「達成こそ価値な人」と区別がつきづらいと感じる人がいるかもしれません。

大きく分けると、タイプ③は「スマートな合理主義」。最小限の努力で効率的に結果を出すことを選びます。ですから、自分の手足を動かすよりも、頭脳や人脈などを駆使して、「結果の出る仕組み」をつくろうとするのです。今どきの欧米的な成功者のイメージでしょうか。自分から争いを仕掛けたりもしません。

一方でタイプ⑧は「豪快な合理主義」とも言えますので、どこか昭和的で、「自分の腕と足と勘を使って稼ぐ」ことをいといません。

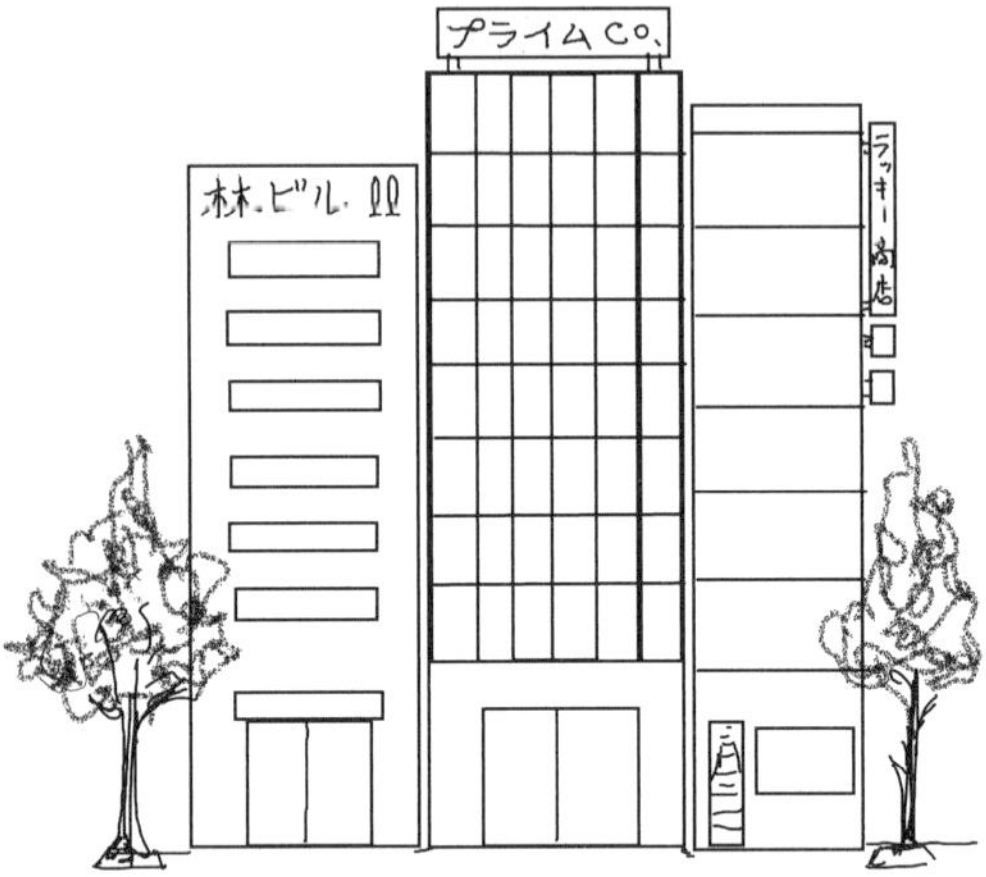

外観や社名にも個性が出ます

また、タイプ③の社長がつくった会社名はアルファベットだったり、どこかおしゃれさがただよう一方で、タイプ⑧の社長は社名に自分の名前を入れたりします（笑）。

他の誰かのようになりたいとがんばるタイプ③と、あくまでも自分の力を誇示したいタイプ⑧、結果を求めるという点では共通点がありますが、そのアプローチは違うのです。

この視点で会社やビルの名前などを観察すると、なんとなくオーナーのキャラクターが想像できて、おもしろいですよ。

レシピを見ても結局テキトー「料理に再現性がない」人の行動原理

私は以前、自分は料理が得意なのだと勘違いして、料理研究家を目指していたことがあります。なぜ勘違いだと悟ったかというと、料理研究家に必要なのは「安定した味のレシピをつくるための細やかさ」だったからで、大さじいくつ、小さじいくつ、何グラム、と細かく設定する必要がありますよね。

その点、私は「大さじスプーンは味見用」くらいの感覚で料理をしてきたタイプ（笑）。料理本を開いてわかった気になって「あ〜こういう感じね」と調理を開始。食材の入れ忘れがあっても、「あ……まぁいっか」で済ませてしまうので、同じものをつくっても昨日と今日では味が違うのがあたりまえ、というか、違う味でないと飽きてしまうという習性です。このことに、本格的に勉強を始めてから気づいたのです。

そんなふうにすぐに料理の道はあきらめたのですが、私のタイプは⑦「ワクワク大冒険な人」です。

たとえば、フレンチという看板を掲げながら焼き魚定食を出しているお店、日替わりのおかずを数十種類つくるお店など、「ここは何屋さんなの？」というお店は、店主がこのタイプである可能性が高いでしょう（笑）。同じ冒険好きの人には理解できるのですが、「定番」を愛する人たちからは敬遠されがちかもしれません。

そんな特徴からもわかるように、タイプ⑦は器用貧乏なところがあり、興味があちこちに移り、何かを極める前に別のことを始める傾向があります。ですので、その道の深みを知らないまま「なんでも浅く広く」となり、結果的にものごとの本当のおもしろさに気づけない、となりがちなのが難点です。

このタイプの人が一つのことを深めていくには、ゲーム性や遊びを適宜取り入れて、自分を楽しませることがポイントになるでしょう。

「やらなければいけない」という義務感やルールを強いると、このタイプは一気にやる気が削がれ、現実逃避が始まります。イヤなことから逃げるように新しい何かを始めて、またすぐ飽きる――を繰り返してしまいます。

ただし一方で、このタイプが調子を上げていくと、タイプ⑤「事実を追える人」のよう

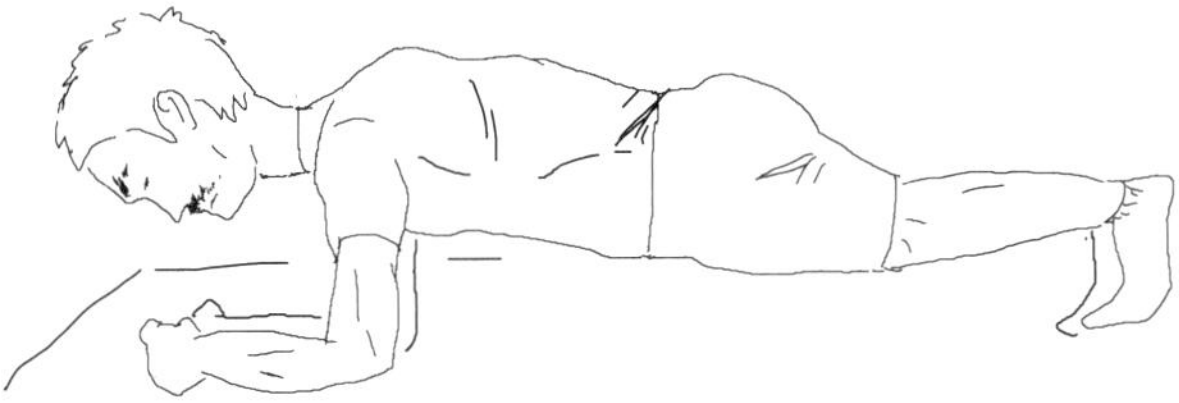

体幹鍛えましょう

に「これだ！」と思ったことを深く追求するようになり、反対にものごとの浅瀬や表面的な知識では満足できなくなってくるのです。

このタイプの周囲の人は、何かルールを強制したりすることなく、ある程度泳がせてあげるといいでしょう。

自身の現実逃避に気づき、現実をおもしろくすることを自ら考えるのが、このタイプの人にとっては重要になります。

幼少期から集中力の足りない傾向が見えるのですが、**集中力の改善には実は体幹を整えることが有効です。**O脚の改善をするなどバランスを整えて、呼吸が深くなってくると意識も散りにくくなってきます。「肝を据わらせる」ことが重要なのです。

芸術的で「ミステリアスな雰囲気」を出している人の行動原理

職場などで、「ものすごくミステリアスな先輩」がいないでしょうか。

ツンツンしているようで、やわらかいようで、話しかけても多くは語らず、何か含ませているようなそんな表現をする。目に力のない感じで、かといって不思議と存在感はあって目立つ……。気になって「あの、何かお手伝いできることはありますか？」と声をかけたくなる感じなのですが、そうしたにわか仕込みの心配は一切受けつけてもらえません。

このような、唯一無二の独特な雰囲気を持つのは、タイプ④「自分自身でありたい人」の特徴です。

芸術的な感性が強く、個性的。自分で何かをつくる、表現するというクリエイティブに強い関心があります。このタイプの人は、「本当はこんな待遇を受けるはずだったのに」という理想と現実との間にギャップがあると、冒頭の「先輩」のような雰囲気が出てくるのです。

ある友人もクリエイティブな世界の第一線で活躍していたのですが、出産を機に本業から離れました。その後、事務のパートに出たとき、彼女はこうこぼします。

「私今さー……電話とかとらされてるの。私がやる仕事かなぁ？」

この話を聞いて、多くのタイプの人は「うん、事務だからね。そういう仕事だよ」と割り切れるのですが、タイプ④の人にとっては違うのです。

唯一無二であることが行動原理なので、「替えがきく仕事は自分のすべき仕事ではない」という思いに駆られやすくなります。

このタイプの人は、**「誰より自信があるけど、誰よりも自信がない」、「100％理解されたいけれど、そんな簡単にわかられる私じゃない」という相反する思いの中で葛藤しているのです。**

ある一定のレベルまでは自分でも理解できていますが、受けるストレスが極端に強くなるとその客観性がなくなり、大変なことになります。

たとえば、「抱きしめてほしい」気持ちを人にぶつけたかと思いきや、同時に「さわらないで！」を発動。「出て行って!!　私にさわらないで！」と泣き叫び、実際部屋から出ていくと「そんな簡単に切り捨てられる私なんて、生きる価値がない!!」という叫び声が背中に飛んでくるという、ドラマのワンシーンのような行動をします。このように人の関心を自分に集めることで「生きていること」を実感しようとする傾向があるのです。

状態がひどくなるほど強い刺激を求めるので、たとえば家賃を滞納しながら高級レストランで食事をする、グリーン車で移動する、お酒におぼれる、昼夜逆転する、激しい恋愛をするなど、自分自身を追い込むこともあります。

もしもそのような人がまわりにいたとしたら、その言葉を正面から受け止めないようにしてください。一緒に消耗して、一緒に落ちていくのはその人のためにならないからです。むしろ、いつでも変わらぬ距離で接し、そばにい続けることが、その人が「いい状態」に浮上するための鍵になります。

感情をぶつけられたとき、正論で返さないのも大切なことです。相手の感情をしっかり受け止めなくてもいいので、「うん、そうだね」と気持ちを受け取ったという形を示します。そうして心を落ち着けることが、まずは必要なのです。

「静かにしなさいって言ったでしょ!」と大きな声を出すママの行動原理

ショッピングモールやファミレスなどで子どもを注意する人を見たことはあるでしょうか。「静かにしなさいって言ったでしょ!」「走るんじゃないの!!」など、毅然《きぜん》とした態度で注意する人がいますよね。

このような行動は、タイプ①の「よくしたい人」に多く見られる特徴です。

タイプ①の人の行動原理は、正しさです。まわりに迷惑をかけてはいけない、**人はきちんとした基準に則って生きていくべきであるという思いがあります。また、そのためには成熟した人間が導いてあげなくてはならない**とも思っています。

そのルールが子どもに向かうと、冒頭のような形で表面化するのです。

そもそもタイプ①は、「まわりに合わせて期待に応えていく」という強みがあります。

ですから、「よき母」「よき父」「よきビジネスマン」といった理想の形がはっきりとあり、社会や組織の制約の中でもストイックに自分を律して活躍できます。

一方、苦手なこととして「自分の意思で何かを決定する」ことがあります。「さぁ、自由になんでもやっていいよ！」と言われるのが苦手で、そのために「基準をつくったほうがやりやすい」という面があるのです。たとえば親に教わったこと、組織のルール、法律、良識などの基準を守ることで、自分を律し、保ちます。そして、この基準が強くストイックな人ほど、他人への取り締まりも厳しくなりやすいのです。

タイプ①の人の特徴として、肌感覚が敏感な人が多く、コットン100％、リネン100％、ウール100％といった肌にやさしい素材の服を好んだり、色も黒、グレー、ベージュ、白などシンプルなものを好む傾向があります。

このタイプ①の人をパートナーに持つ人から、「どうやって接すればいいかわからない」と相談を受けることがあります。

たとえば子どもを注意しているタイプ①の人に「別にそんなに静かにしなくていいじゃん。子どもなんだから」なんて諭そうものなら、「ちゃんとしていない人」と認定され、大きな壁ができるので注意が必要です。

なぜなら、タイプ①の人にとっては「間違うこと」が一番の恐怖で、行動を批判・否定されることは耐えがたいことだからです。

タイプ①の人からやわらかさを引き出すには、まずは彼らの基準を否定しないことです。相手の正しさに自分の正しさで対抗すると、かえって相手の基準を強化させることにつながります。特に、周囲の人のルール無視はがまんできても、その分、家族など身近な人に出てしまうという面がありますから要注意です。怒りは胃腸とも大きく関係しているので、胃痛を持っていたり、噛みしめが強いために頭痛を抱えていたりするタイプ①の人も多いようです（胃腸が弱いので、食事に気をつかう傾向も見られます）。

私としては、**思考を変えるというよりは、まずは体をほぐすことをおすすめしています。**縮んだ肩を開いて、緊張をゆるめていくと、噛みしめもゆるみ、本来のやわらかさを取り戻していけます。ただ、緊張が強いほど警戒心も強いので、整体などで人に体をさわられることをイヤがる人もいます。そういうときは、まずは家族みんなでラジオ体操をしてみたり、ストレッチを試してみたりすることをおすすめします。

寛容さを覚えたタイプ①の人は、湖面のような静けさと穏やかさを持つようになり、とても素敵な雰囲気を持っています。いい状態であれば、非常に頼りになる存在なのです。

「やりたいことがわからない」友人の行動原理

「やりたいことが、わからないんだよね……」

すっかり飽食の時代になり、「食べるために働く」というのはどこか遠くへ。ただ働くのではなく、「やりたいことを仕事にしよう」というメッセージも一般的になってきましたよね。そんな中で、やりたいことをパッと決められる人もいれば、「そんなこと言われても、やりたいことがわからない……」という人もいます。

後者の「やりたいことがわからない」のは、タイプ⑥「シミュレーションの人」によく見られる特徴です。

タイプ⑥の人とやりたいことについて話していると、必ずと言っていいほどこのようなフレーズが聞かれます。

「本当にやりたいか？　って聞かれると、そこまででもないっていうかー……」

このフレーズが出てくるとき、**「それって本当にやりたいこと？」と誰かが聞いたわけではないのです。**そのファイナルアンサー聞いたのは誰よ！（笑）となってしまうのですが、これはタイプ⑥の人の思考回路を考えると理解できます。

彼らの脳内会議では、常に「基準」について審議が行われています。

たとえば、「これ好き？」と聞かれたとき、タイプ⑥の人は2つの基準で考えます。

一つは、「好きというのはこういうものだろう」という「想像上の基準」。もう一つは、実際に自分の体験を振り返る「過去の基準」です。

想像（未来）と体験（過去）を行き来して、「うん、きっとこういうことが好きということだね」という基準を設け、その基準に満たないものは「好きなもの」とは認めないことにします。ただしこの基準は、まだ体験していない想像上のものが半分以上含まれているので、とっても高い基準なのです。脳内会議では、「ねぇ、それって本当に好き？」「好きっていうのはもっと情熱的なものなんじゃやかなぁ？」という意見が聞こえてきます。

結果、タイプ⑥の人はこう結論づけるのです。

脳内会議が大荒れしやすい

「嫌いじゃない」

なんだよそれ！　どっちだよ！（笑）　とタイプ⑥の要素が少ない人は感じると思うのですが、タイプ⑥の人は責任感が強いのです。簡単に好きとは表現できません。

このように「好き」か「嫌い」かの二択でさえ答えを出すのが大変なのです。ましてや「やりたいことは何か？」なんて選択肢がほぼ無限にある問いには、脳内会議が大荒れします。

経験の中で「やってみて楽しかったこと」や、「ちょっといいなと思うこと」もあるのです。しかし、脳内会議のメンバーがうるさく言うわけです。

「ねぇ、そんなささやかな気持ちを〝やりたい〟に数えちゃっていいのかな？」「それって何ものにも代えがたいほど、やりたいこと？」「やりたいって、もうそれしか考えられないくらい、心の奥底からわいてくる情熱みたいな感じじゃないの？」

比較対象にしているのは、「情熱的に活動するまぶしい人たち」です。自己主張がしっかりあって、夢やビジョンを語ったりする人たちのことを思い浮かべながら、自分のやりたいことって何？　と向き合います。

そして導かれる結論が、「本当にやりたいか？　って聞かれると、そこまでもないっていうか――……」となるわけです。

一方で、タイプ⑥の人の「やりたくないこと」はハッキリしています。それは、得体の知れないことにチャレンジすることです。安全がしっかり保証されていないことには手が出ません。

やりたいことがない、あと一歩が踏み出せないと悩みがちなタイプ⑥の人は、**「何かをするのに、ふるえるほどの情熱などいらない」**と考えてみてほしいと思います。

何かをやる・やらないというときには「静かな喜びを少しずつ育てる」という選択肢を選ぶように意識していただけると、脳内会議での基準も下がってくるはずです。

「なんかもういいかな」と関係を断ってしまう人の行動原理

セミナーのときやその終わりなどに、「ちょっとお時間いいですか？」と話を始められる半数以上の人が、「ちょっと」ではありません（笑）。

信頼関係のできている相手ならば「（時間を）巻いてもらっていいですか？」とか「あら、お話し始めちゃう？」なんて軽口もたたけるのですが、初対面だとなかなか難しいですよね。

「話し始めると止まらない」「あちこち話題が飛んで言いたいことがわからない」と受け取られることが多いのは、タイプ②「してあげたい人」に見られる特徴です。

タイプ②の人にとって「かいつまむ」という行為は苦手分野です。話の核心にたどりつくまでの背景説明が長いことが多く、ある座談会で「自分の思考を2行にまとめてください」というワークをお願いしたら、5行で返ってきたことも（笑）。

その言動の裏には、「ちゃんと説明しないと伝わらない（伝わらなかったらイヤだ）」という思いがあります。

そう考えるのは、未来への意識が強いからです。タイプ②の人も、タイプ⑥「シミュレーションの人」と同様に、未来のことをシミュレーションするクセがあります。

タイプ⑥の人は主に「自分や家族、所属組織を守ること」に想像が働きますが、**タイプ②の人は対象が「広くまわりの人」にも及ぶのが大きな違いです。**

タイプ②の人は、その思いやりの深さから「おせっかい」「世話焼き」なんて言われることもありますが、人のためにあれこれできるのは、「あの人は大丈夫なんだろうか？」というシミュレーションが行われた結果なのです。

ただ、この傾向が強くなると気を回しすぎて、疲れてしまうことがあります。

タイプ②の人が不満をためたときによく口にするのが、「なんかもういいかな」というものです。この不満は特に、「相手のためにやったのに、それに対して見返りがない！」というときに起きます。

思ったような反応がもらえないと、「おかしいなぁ、もっと感謝してもらってもいいはずだよね？」というモヤモヤが起き、一方で「いや、これは自分がやりたくてやったのだから、別にいい！　うん、そうだ、これは私の意思だ！」と自分に言い聞かせるのですが、積み重なると「もういいわ！」と爆発します。そして、「この気持ちを誰かにわかってほしい！」という思いが強くなるほど、前述の状況説明が長くなる傾向があるのです。

タイプ②の人にとっては、**人のためだけではなく、時には自分のために動いていいと意識することが重要です**。また、付き合いの場を広げるなどして、意識を分散させるのもいいと思います。

「ライングループでいつまでも参加してこないママ友」VSそれに「モヤモヤする人」の行動原理

一対一のやり取りもそうなのですが、コミュニケーションの「誤解」を生みやすいのがLINE《ライン》に代表されるグループチャットです。趣味のグループ、学生時代の友人グループ、職場の同僚グループ、ママ友のグループなど、複数人で会話をすることも多いと思います。

こういうとき、コミュニケーションのスタイルによる違いが出てくるのです。

グループチャットでは大きく3つのグループ、「反射組」と「熟考組」と「傍観組《ぼうかん》」に分かれます。 こう組み分けをしてみただけで、何かもめごとが始まる予感がしないでしょうか(笑)。ウェブでのコミュニケーションスタイルの違いは、人間観察的には非常におもしろい題材となります。

まず、反射組はタイプ②「してあげたい人」、タイプ③「達成こそ価値な人」、タイプ⑧「ザ・リーダーな人」などで、すぐに反応することができます。言語化が得意で瞬発力があるので、さっとリアクションがとれます。

一方、返信に時間がかかるのが熟考組です。たとえばタイプ④「自分自身でありたい人」は言葉選びに時間をかけたいと考える傾向があるので、「すぐに返信する人の意味がわからない」と感じる人もいるでしょう。

また、タイプ⑨「みんなの和を保つ人」は、言葉の吸収速度がそもそもゆっくりなので、他の人の発言を読んでいるうちに次の文言があらわれると、思考がフリーズしてしまいます。いくつか前の話題について一生懸命考えて文章をつくっていたのに、画面上ではその話が終わっている。**また全部消して、次を読んでいるうちにもうめんどくさくなって、そっとスマホをテーブルに伏せる**……なんていうことが起きるわけです。

つまり、言語化の得意・不得意、好き・嫌い、流れる時間感覚の違いで、返信スピードも人それぞれ違うのです。

また、「傍観する」ということにも意味があり、大きな理由の一つには、「グループの和を保つために自分を出さない（出してはいけない）」と潜在的に感じていることがあります。

タイプ⑨に特に見られる傾向ですが、これは実は、ある程度どのタイプにも当てはまること。「本当の自分を出したらいけない」と無意識のうちにセーブをかけていると出てくる

なまけているのではなく、パニックなんです

行動です。そのため、自分の本質的なタイプを自覚できると、能動的になってくることがあります。

こうした形のコミュニケーションで、「既読スルーされた!」と腹を立ててしまう人は、人にはさまざまなタイプがいて、相手に自分のペースを強いることは「相手のペースを乱すことでもある」と認識していただきたいです。

一方で、スマホをそっと置いてしまう傾向のある人は、「ちゃんと見ています」というアピールでスタンプだけでも押すなど、歩み寄りができるといいかな、と思います。

「洗濯物の決まりを守れない夫」の行動原理

タオルの中におしゃれ着が混ざっている。自由型で脱いだ形に丸まったままの靴下。シャツの袖が片方だけ裏返し……。そう、洗濯物の話です。

「男性ってそういうもんでしょ?」と感じる人もいるでしょうが、そんなことはないのです。決まりや秩序について厳しい男性もいますし、中には自分の服は人に洗わせないなんて人もいます。多くのタイプは、伝えれば「そういうものか」と、きちんとルールとして守ることもできるのです。

ですが、何度言っても直らないタイプが2つあります。

一つが、自分の今この瞬間の興味に飛びつく傾向のあるタイプ⑦「ワクワク大冒険な人」です。「ねぇこれ、直してよ」と言ったとき「うん、やるやる!」と返事はいいのですが、がんばって1~2回。すぐにもとに戻ります。

タイプ⑦の人は一つのことに集中できません。作業の途中で「あ！」「お！」と、何か別のことを見つけては新しいものに意識がいき、その前にやっていたこと・言われたことは意識から抜けていってしまうのです。

言えばそれなりに気をつけられるものの、完全に守るのは難しいでしょう。

そしてもう一つが、タイプ⑤「事実を追える人」。こちらのタイプは、「ねぇ、ちゃんとしてよ」と言われてもできません。このときの思考回路を通訳すると、**「服は洗えればいいのであって、床に置いておくことの何が問題なのかわからない」**のです。

そもそもが一つのことに集中する一点集中型なので、「きちんと生活すること」にはあまり興味がない人が多い傾向です。

タイプ⑦にしろタイプ⑤にしろ、なんとなく家族に合わせてバランスを取ろうとがんばりはしますが、多くを求めてはいけません。

合わせられる範囲は狭く、そもそもこの両者のタイプの人が輝く場所は「生活の中」ではないのです。ですから、「人として」とか「普通は」とか「何度言わせるの？」といった言葉で責めないであげてください。「そういうものなのね」とスルーして、いいところを見るようにすると、仕事も家庭の中もうまく回るようになるでしょう。

「掃除したら？」と提案したらぶちぎれてしまう人の行動原理

一口に「掃除」といっても、タイプによって掃除に抱く概念（掃除の仕方や美しさ）はさまざまです。自由とか幸福とかと同じくらいさまざまです。

私は自宅で仕事をするので来客率が高いのですが、人によって「いつもきれいにしていてすごいですね」と言う人や「どうしたの？　なんか今日きれいじゃない？」と言う人もいて、同じものを見ても人それぞれということがよくわかります（笑）。

この部屋のあり方と性格のあり方も、実はリンクしているのです。

たとえばタイプ①「よくしたい人」は、リモコンはここ、ティッシュはここ、とそれぞれのおさまる場所が住所のように決まっている傾向があります。そのため、部屋はとってもきれいです。

一方、さまざまなものを混在させて散らかってしまうタイプがいます。それは、タイプ

④「自分自身でありたい人」。心身の状態がいいときには部屋もきれいなのですが、体調が悪かったり忙しかったりすると、それに合わせて部屋のカオス度も増していきます。床にはいろんなものを積む傾向があり、書類と下着が混ざって置いてある、洗濯物は着替えの山から取り出すなどはよくある話。

タイプ④の人と関わる中で気をつけないといけないのは、このときに「片づけなよ」とか「君は片づけられないな」なんて言われると、ものすごくショックを受けてしまうことです。場合によっては泣いたり叫んだりすることもあるほど。

受講者の中にも「片づけられないんです!!」とか「片づけろって言われることが本当にストレスなんですよ!!」とか、中には「片づけろって言わないことを結婚の条件にしてました」なんて人も。

このタイプの人は片づけができないわけではありません。美意識は人一倍高いのです。ただ、基本的な性質として、少しずつ片づけることができません。**0か100かで、「玄関だけ片づける」といった小さな行動では「やった」という満足感が得られないのです。**

また、理想も高く設定する傾向があり、たとえば雑誌で見た美しい部屋を理想にし、自分の部屋との差で絶望してしまうこともあります。

タイプ③「達成こそ価値な人」は高い理想を掲げ、そこになんとか食らいつこうとするのですが、タイプ④の場合は理想と現実とのギャップに絶望的な気分になってしまうのです。高い理想と今の自分との間を行き来しながら、期待し、失望し、葛藤し、というプロセスを繰り返す特徴があります。

心身の状態と部屋の状態がリンクしますから、状態の悪いとき（部屋が汚いとき）に「片づけなよ」と言われると、自分を全否定されたように感じてしまうのです。それで泣いたり叫んだりという話になっていきます。

タイプ④の人がこのような葛藤から抜け出すには、高い理想と現実の自分との差に目がいってしまう性格をまず受け入れ、「一歩一歩」の小さな行動を大切にすることです。

物理的には猫背、肩が内巻き、反り腰といった体のゆがみで胸がとじている傾向があるので、体のバランスを整えるストレッチなどを習慣化し、呼吸を通すことも重要になってきます。呼吸が浅いと自律神経もうまく働かず、視野が狭くなりがちですが、呼吸が整ってくると余裕が出てきます。

そして、自分の想像によって人と距離をつくっていることに気づくことで、本来のクリエイティビティが発揮されるようになっていくでしょう。

妻を束縛するわりに外出しがちな夫の行動原理

「今日はどこへ行くんだ？」「何時に帰ってくるんだ？」「誰と行くんだ？」「それは、俺の知っている人なのか？」……こうして妻の予定を細かく聞くわりに、自分のことはあまり言わない秘密主義な夫さまがいます。

「ちょっと出てくる」と言うので、何時に帰ってくるのか聞くと「そんなのわからない」とにごして出かけます。外では大盤振るまいで、ばんばんお金を使います。カードもばんばん切ります。女性が接客するお酒のお店にもガンガン行きます。それが「男」たるものと言わんばかりです。

このように、外では「豪快な男」という役回りをがんばっていますが、実は人一倍甘えん坊。これは、タイプ⑧「ザ・リーダーの人」の特徴です。

タイプ⑧の行動原理は「強くあらねば」でしたよね。外によく出かけるのには縄張り意識の面もあって、「なじみの店」には定期的に顔を出します。また、仲間だと認めた相手とは本音でぶつかりたい、近い距離でいたいと考える傾向があるので飲み歩くのです。

根本的に「自分を見てほしい」という欲求が強いので、他人のこと、特にパートナーなどへの束縛は厳しくなりがち。それが冒頭の予定を細かく聞く行動にあらわれます。離れられたら怖いので、結婚するとパートナーには仕事をやめてほしいとお願いすることも多いよう。異性との出会い、同窓会への出席はもってのほか！　というのもよく見られる特徴です。

仕事などでストレスにさらされ、不安が強くなればなるほどこの傾向は強くなります。数例ですが、パートナーの暴力やモラハラで駆け込んできた女性の相談を受けたこともあります。外では「妻思いな夫」を演じるのですが、家に帰れば暴力や暴言の嵐。タイプ⑧の特徴が悪く出ると、このようなことになってしまいます。相手を従わせようとして追い込み、マインドコントロールのようなことをするのです。

また暴力などに出なくても、こっそり「監視」を始めるケースもあります。たとえば夜な夜なパートナーのカード明細をチェックしたり、携帯電話にGPSを利用したアプリを仕掛けたり。また、水面下で動いて情報操作をしたり、時にはウソをついたりもします。

以前、会社で働いていたとき、上司がこのタイプでした。会議で自分の悪口言っている人がいないかどうか、隣の会議室で息をひそめて聞いていたというのは日常茶飯事。衝動的に動くことが多いので、ウソをついてもつじつまが合わなくなってバレやすいのですが、本人は気づいていなかったり……。

とにかく、根本は「寂しがり」なのです。

急に怒鳴ったりするようなときは、「僕・私を見て」というサインです。

タイプ⑧の人とうまく付き合っている人は、そこを上手に扱っている人です。

たとえば夜中に帰ってきて、先に寝ていた妻の寝室の電気をいきなりつけたり、布団をガバッとはいで、「ねぇねぇ、今日さ！　こんなことがあって、すっごくおもしろかったんだよ。な？　おもしろいだろ？」といった具合に、**今この瞬間の喜びをわかち合いたいがゆえの行動に出ることがあります**。このときに怒るのではなく、「うんうん」と聞いてみると衝動が落ちつきます。

また、「食べること」でエネルギーを補給するタイプなので、時には真夜中に「何か食べたい」と言いだすこともあるでしょう。このときのポイントも、「えー……」ではなく、「これならつくれるけど、どお？」です。これを家庭で実践する奥さまたちからは「家庭が丸

めんどうでも、相手をすると落ち着きます

くなりました」という報告を受けます。

夜中の2時半に報告をうんうんと聞いていると、「悪いね」とお茶を入れてくれる旦那さまもいるそうです（それなら早く寝かせてほしいと思うかもしれませんが……笑）。

このように上手に付き合えば、明るく、親しく、愛きょうがあるといういい面を見せてくれます。

ちなみに、タイプ⑧の人の日常的なパワハラ・モラハラに悩む人には、「必ず公的な第三者機関を立ててほしい」と伝えています。社会的な立場を持つ人に何かを突きつけられるとき、彼らはとても弱くなります。

賭けごとがやめられないお父さんたちの行動原理

家の近くに競馬場があるのですが、同じフォルムのおじさんたちが、まるで兵隊さんのごとく吸い込まれていきます。

不思議と背格好から首の角度まで同じで、まるでレゴの人形のように見えて、ついつい笑ってしまいます（もちろん競馬ファンには馬自体にロマンを感じている人もいて、そういう方々はこのフォルムからは規格が外れていますので、別件とさせていただきます）。

同じフォルムのみなさまは、不思議なことに競艇場やパチンコ屋さんにもいらっしゃいます。彼らの共通点といえば、「現金が増えることへの夢」を持っていることです。

もちろんお金が増えるのはどんな人でも嬉しいのですが、特にこのタイプの人は「勝って現金を手に入れる」ことが喜びの源泉です。

実は、賭けごとにはまる傾向が強いのも、タイプ⑧「ザ・リーダーの人」です。

「勝ち負け」を人生の基準にするタイプ⑧の人にとって、「勝ってお金を得る」＝「自分の力をかみしめる」ことができる絶好の場面だというわけです。この原理がより原始的なレベルで表面化したものが「カツアゲ」でしょう。

このように、同じ⑧のタイプでも、ビジネスの方向に進んで結果を出す人もいれば、ギャンブルにのめり込む人もいれば、犯罪のほうに走る人もいるというわけです。

また、タイプ⑧の人には「拡大」志向があるので、ほしいと思っていないものでも、手に入れたい気持ちになりやすいことがあります。「なんでもいいからほしい」という感覚。オセロで陣地を増やしていくのと同じような感覚です。

また、競馬、競艇、競輪の類は、「自分が選んだ別の人が動く」という点で「自分の力で駒を動かす」という錯覚を得やすく、喜びにつながっていると考えられます。

現金主義の傾向もあるので、実はうまい話や儲け話に弱く、借金も増えがち……。意外と人の影響も受けやすいので、変に一攫千金《いっかくせんきん》に走らないためにもコツコツをいかに続けられるかが、重要なタイプだと言えます。

「アップル製品」にこだわる夫の行動原理

いつもスッキリと片づいた部屋。置かれているパソコンはアップル社製。かける音楽はシャレた洋楽。腕にはアップルウォッチがはめられ、もちろん携帯はアイフォン。彼らは言います。「別にこだわっているわけじゃないけど、効率的だから」と。

このようにアップル社の製品に代表されるスマートなものに囲まれている人には、タイプ③「達成こそ価値な人」の傾向があります。何しろ遊び心があって、勝手に同期もしてくれて、アクション少なく目的に達することができて、とにかくスタイリッシュです。

タイプ③の人たちのモットーは「遊びも仕事もクールに」であり、住む場所、車、パートナーなど「前よりも確実にステップアップすること」を価値として生活を送ります。このタイプ③の人をパートナーに持つ女性からは、こんな相談を受けることがあります。

「彼の気持ちがどこにあるのかわからない」。

そうなのです。タイプ③の人は、心と心がふれ合うような親密な付き合いを避ける傾向があります。

なぜなら、彼らが追い求めているのは「成功者」のイメージであり、その裏には「本当の自分を人に見せる恐怖」を潜在的に抱えているからです。

その恐怖から、人の気持ちを「重い」と感じたり、中には複数のパートナーシップを維持することで「魅力的な自分」というイメージを聖火の灯火《ともしび》のように守ろうとする人もいます。

もちろん男性だけではなく、女性にもタイプ③の人はいます。女性の場合も見た目は美しく、洗練されていることはもちろん、身につけるものはハイブランドのもの。最先端の流行もいち早く生活に取り入れます。パートナーには医師や弁護士など、社会的なステータスの高い男性を選ぶ傾向があるようです。

ただ、やはり人付き合いでは一歩引いたようなところがあります。

タイプ③の人は「自分はドライで人に入れ込むタイプではない」と自己認識していることが多いのですが、その傾向は、実は「人と近づきすぎることで自分のイメージが変わってしまう恐怖」によるもので、人知れず不眠であることもあります。

興味深いのは、「人に近づきたくない」という恐怖とともに、心の底では「自分の本質を見てくれる人」「絶対に離れていかないパートナー」を求めている傾向があることです（もちろん本人の自覚はなしに）。

私の個人的な調べですが、タイプ③の人の選ぶペットは猫ではなく犬の傾向が高いです。犬というのは飼い主との距離が近く、裏切ることがないですよね。真の意味で他者と距離感が必要な人が犬を飼うでしょうか？　私はそこに彼らの心を感じるのです。

潜在的には誰かとつながることを求めていますが、簡単には心は許せません。ですから、タイプ③の人に対して「自分のものにしよう」とか「ずっと一緒にいてほしい」といった執着を持って接すると、かえって距離が遠のいてしまうでしょう。

タイプ③の人は時に効率的になりすぎるところがありますが、それは精神的安定を求めていることの裏返しです。心の安らぎを増やすことが、その傾向を緩和する秘訣になります。前述の犬を飼うというのも、実は心の安らぎにつながっているのかもしれません。

趣味が止まらない！友達付き合いばかりの夫の行動原理

家のチャイムが鳴ったと思えば、届くのはアマゾンの段ボール。中からはよくわからない専門的な道具だったり、アイテムが出てきます。

「パパ……今度は何を始めたの……？」

このようなマニアックで幅広い趣味を持つのは、タイプ⑦「ワクワク大冒険な人」に見られる特徴です。

タイプ⑦の人は家族をキャンプに誘い、友人家族と現地で集合。「あっ」と思ったらこの前アマゾンから届いた何かを使って火を起こし、仕込んでいた肉をクーラーボックスから取り出します。肉をひとしきり食べると、今度は子どもたちを連れてカヌーへ……。

ここだけを切り取ると家族サービスのできるいいお父さんですが、これはほんの一コマに過ぎません。別の日にはカッコいいウェアとランニングシューズを買ってきて、次の日の朝からランニングが始まります。かと思えば、次の週には朝から釣りに出かけたり、それがいつの間にかサーフィンに変わっていたり、半年後にはお茶を点て、俳句を詠みはじめていることもあります。友だちも多く、どの団体に参加しているのかまったく全貌《ぜんぼう》が見えてきません。

このような行動に代表されるタイプ⑦の人が大切にしているのは「刺激的な体験や満足を得ること」です。「知らないことを知りたい！　未体験のことをやってみたい！」とあらゆることに興味を持ち、やったことのない体験をすることに刺激や喜びを感じます。

同時並行でものを考えるのも得意で、1日の中でこなす予定の数も人一倍。ゆっくり休むという選択肢はあまりありません。お金もよく使います。

このタイプのパートナーを持つ人からは「夫（妻）が家になかなか帰ってこない」「休みのたびに友達と出かけていく」という声が聞かれます。

あまりにもその傾向が強い場合には、もしかすると家にいるとやらなくてはいけないことが多すぎるとか、「家族にネガティブなことを言われるから」と感じていることがあるかもしれません。

というのも、**タイプ⑦には「イヤだ」「つらい」という感情を味わいたくないという行動**

原理があるからです。彼らにとって「将来の不安」「過去のイヤなこと」について考え続けるのは苦痛であり、人の不満や起承転結のない話は聞き続けられません。イヤだと感じることが増えるほど、現実逃避をしてより活動的になってしまうのでしょう。

タイプ⑦でない人からすれば、「子育てのあれこれを一緒に決めたい」「昼間あった人間関係のいざこざを聞いてほしい」といった要望があるかもしれませんが、ネガティブな話題は避けるのがタイプ⑦の性質なのです。「こうなったら危ないでしょ？」といったリスクについて語ると、よけいにその話題についてふれたくなくなります。

ですから「もっとこうなれる」とか「楽しそう」という魅力のある言い回しでプレゼンしたり、グチもおもしろい話に転換したりすると、聞く耳を持つかもしれません。

タイプ⑦の難点はものごとの精度があらく、すべての経験が浅くなりやすいことです。現実逃避を続けるままでは、永遠に満たされることはありません。

人生に深みを出したり、一つのことに集中したりするには、「**幸せとはつかみにいくものである」という考え方を変えることです**。どこかにあるのものではなく、「今そこにあるもの」に目を向け、「一番好きなものを決める」ことを意識すれば、ものごとの深淵《しんえん》にふれられるようになるはずです。

Chapter 4

ストレスを受けると、性格が変わる！

恐れが大きくなるほど短所も強く出てきてしまう

3章では全部で9つの性格タイプを、それぞれ出やすい特徴とともにお伝えしてみました。ご自身のことを振り返って「あ、これ自分かも！」と思ったり、何よりも身近な人に置き換えて「あ、あの人のことじゃん！」なんて感じた人も多いのではないでしょうか。

人間観察をしていくと、このように人をある程度客観的に捉えることができるようになり、「自分」と「人」との違いがよくわかってきます。

表面的な行動だけで見ると「いい・悪い」で判断しがちなのですが、その奥にある**行動原理や、相手が何に対して恐怖を感じているかがわかってくると、意味不明に見える言動にも理由があることがわかってくる**のです。

間違えていただきたくないのは、9つのタイプのどこかに人を当てはめて、「この人はこのタイプだからこうだ！」と断定するために紹介したのではないことです。

それぞれの世界観、それぞれが好むアプローチがあることを知るのが重要であり、人間観察によってその傾向を見極め、自分を取り巻く人間関係をよくしていくことが一番の目的です。そして人との関わりの中で、自分の本質的な「行動原理」を見つけていくことが、さらに人間観察を極めていくことになります。

この4章では、人と関わっていくときのコツとして、人のいい面と悪い面の見方を紹介していきます。

長所は短所と紙一重と言いますが、実はそれには、受けているストレスの有無が大きく関わっています。各タイプは、それぞれに本質的に「恐れていること」があり、恐れが強くなると、まるで違う人かのように行動パターンが変わります。一方で、いい状態になると、本来の長所をより生かし、短所まで克服した素晴らしい才能を発揮します。

短所が出るか、長所が出るか、その差はまわりの人の関わり方が大きいのです。つまりは、「引き出し方」です。仕事でも、家庭の中でも同じです。

いい子育てをする人は、子どもの長所を引き出すのが得意ですし、組織づくりのうまい人は、人を適材適所のポジションに置いて長所が生きるような采配をしていますよね。

ところが、そのことを知らずに悪い面ばっかり見てしまうと、ケンカが絶えなかったり、職場や家庭がうまく回らなくなったりします。

人がどんなところにストレスを感じるのか知り、そのうえで接し方を考えてみてください。もちろん、出会うすべての人と無理をしてでも付き合いなさい、なんて言いません。お互いにいろいろと置かれている環境が異なりますから、どうやったって合わないときは合わないでしょう。

人間関係には縁やタイミングというものがあると思います。日常での人との出会いには、何かしらの意味があると思いますが、その意味をどう捉えるか……人間観察をふまえていくと、また違う見方ができるようになるのではないでしょうか。

いい面を見直して、引き続き付き合っていくのか、どれくらいの距離感で接していくのか、はたまたスッパリ別れを宣言するのか。それを考えるうえでも、また自分の長所がどこにあるのかを知るうえでも、ものごとの両面を知るのは非常に役立ちます。

ということで、見てまいりましょう！

公平さにあふれた正義感→「批判」と「ルールの強要」へ

髪の毛を切ってお出かけ。久しぶりの友人と会う。そんなシチュエーションで、出会い頭に「おーー、久しぶり！　**前の髪型のほうが似合っていたね**」なんて言われて、ガビーン（死語）となった経験はないでしょうか（笑）。

他にも、明るい声で「この前着てた色の服のほうがいいね！」と言ったりもしますが、このようにストレートすぎるもの言いをするのは、タイプ①「よくしたい人」によく見られる特徴です。

言われた側からすると、「前のほうがよかったというのは、つまり、今はあんまりよくないってこと……？」とも受け取れるのですが、タイプ①の人に悪意や悪気はありません。「いいものを教えてあげたい」「よくしてあげたい」という改善欲求のあらわれなのです。ただただ、「それが事実だから」という気持ちです。

しかも、タイプ①の人からすれば「やわらかく伝えてあげたつもり」だったりします(笑)。タイプ①の人は「直接表現」を武器にしていますので、やわらかい表現や語尾をぼかすことを好む人からすると、きつく見えるでしょう。ただ、とても目が肥えていて、いいものを見極めてくれるのです。これが基本の性質です。

では、ストレス下にあるとどうなるかというと、**自分の基準を「正義」とする感覚が強くなっていきます**。人がどんどんいい加減で雑に見えてきて、ストレスがさらに強くなると「基準に満たない人は悪人」にすら見えてくるのです。

そうなると、自分の基準を人にも適用し、「こうしなさい」と正すようになります。怒りの沸点も低くなってきて、もっといくと「人を罰する」という概念が出てきてしまいます。ストレスの高いタイプ①の人は眉間にしわが刻まれていることも多く、怒りを常に抱えていることが窺《うかが》えます。

タイプ①の人のストレスは「まわりがちゃんとしていないこと」です。

ストレスを与えないためには、自分に矛盾はないことを実感させなければならないのですが、がんばっても、あらを見つけられてしまうので、ちょっと難しいかもしれません。ストレスが高いほど警戒心も強いので、人の意見やケアも目に入りにくいでしょう。

じゃあ、どうしたらいいの⁉　と思うかもしれませんが、彼らのストレスを下げるには、まずは彼らの「ルール」を一定のところまで守ることです。とりあえずは、そうして警戒心を下げる、リラックスしてもらうといいでしょう。

ただ、それも自分側がストレスを受けていると難しいですね。相手の怒りを浴び続けていては、こちらの怒りもわいてきてしまいます。

怒りに対しては決して萎縮しないでください。また、相手の直接的な言い方にいちいち反応はせず、フラットに「それを取り入れるべきかどうか」を考えてみてください。相手が怒っているからといってなんでもうのみにはせず、一つの意見として聞いてみましょう。

こちらも、公平な態度でいるのです。そうすると、だんだんとタイプ①の人にも笑顔が出てきたりします。タイプ①の本来の姿は、「柔軟で穏やか」なのです。

タイプ①の人は、丁寧な検証・チェックが得意です。特に「欠け」を見つける素早さは特筆すべきものがあり、**日々の慣れに過信することなく、一つひとつの作業を「仕事」に昇華させられます**。

そのような性質があるので、伝統や道をつなぐ力もあり、タイプ①の人たちがつくる芸術には、彼らにしか表現できない宇宙が見えてきます。

愛情深さやサービス精神
↓「自分がいないとあなたはダメ」に

「好き」という気持ちだけで、献身的に動ける人がいます。その人の役に立ちたいと思ったら遠くまで出かけたり、口コミで応援してくれたり、お金も使ってくれたりします。

このようなパワフルな愛情を持っているのは、タイプ②「してあげたい人」たちです。チャリティー活動を積極的にしていたりして、世界の苦しい人や子どもたちに向けて支援の輪を拡げていきます。本当に愛情が深いのです。女性に多いように思えますが、男性にも意外と見られ、パートナーやまわりの人に尽くすことを生きがいとする人もいます。

では、そんなタイプ②の人がストレスを受けるとどうなるでしょうか。

・一つのことが終わっていないのに、新しいことに手をつける
・人の不便を見つけては手を出す（人へのお世話を過度に焼くようになる）

といった傾向があらわれます。

なぜそうなるかというと、タイプ②のストレスは「愛されている実感を得られないこと」だからです。

ストレスを受け、愛情を実感したいと感じると、所有欲や独占欲が出てきます。それが、せわしなく人の世話を焼くということにつながってくるのです。

そのため、人間関係も渡り鳥のようになることがあります。急に旧知の仲のようにくっついたかと思えば、何か不快な言動を受けたことをきっかけに、それまでのことがなかったかのように関係を解消することもあります。

さらにストレスが強くなってくると、タイプの②の人はタイプ⑧「ザ・リーダーな人」のような主張の強さを持ちはじめます。

「かわいさあまって憎さ100倍」という言葉のとおり、相手を攻撃したり、「自分がいないとあなたは何もできないんだ」というような言動も目立つようになります。

身近にそうしたタイプ②の人がいる場合、私がおすすめしたいのは「首の位置」を調整することです。

猫背・内巻き肩などで首が前に入っている人は、視野も狭くなる傾向があります。

比喩のようですが、首は重たい頭を支える重要な箇所です。呼吸・血流などの循環にも重要なのですが、ストレスを受けると前傾になって首が下がってしまう人も多いのです。そのため、**ストレッチを習慣づけるなどして、首の位置を正しい場所に戻していくと、視野が広がりやすくなります。**

また日々の生活では、「タスクを明確にしておく」のもよいでしょう。ストレス下では「あれもこれも」と混乱してしまう傾向があるので、目に見える形でタスク表をつくり、使うようにするといいでしょう。目で見て情報を整理することで、頭の整理にもつながるのです。

タイプ②の人は、人を楽しませ、和ませることができ、とにかくやさしい人です。ついつい人のことで手いっぱいになりがちなのですが、その目配りが自分のことにも向けば、最強になります。

人のためになるよりよいサービスを生み出したり、人と人との関係をとりもってくれたり、人を笑顔にしてくれたりします。地球をやさしい愛情で満たす、そんなことができるのもタイプ②の人です。

おすすめ首ストレッチ

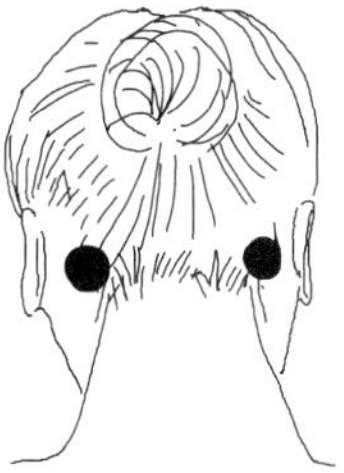

後頭骨の
でっぱり
あたり

ポイントに指をあて
上下にさすり
頭と首を
ひきはなす
イメージ

首の前面に
手を軽くあて
首を元の
位置に戻す
イメージ

努力の天才
↓「人をいつでも値踏み」するように

あるとき、ビジネス交流会で出会った人に誘われ、「秘密の会」に参加したことがあります。会のみなさんはビシッとスーツで決め、あいさつは大きな声で、表情も笑顔がまぶしい。そこでいただいたのが、「私たちに信頼された人は、仕事が雪だるま式に増えていきますよ」というフレーズでした。

雪だるま式って借金以外にも使うのね……と内心思いながらも（笑）、こうしたやり取りを好むのはタイプ③「達成こそ価値な人」に見られる特徴だなぁと思いました。

タイプ③の人は、「自分に役立つかどうか」がイコール「信頼」だと考える傾向があります。他の団体をのぞいてみても、「自分たちの仲間になればこんなステータスが得られる」といったうたい文句が必ずあるものです。ネットワークビジネスの特典にもクルージングやハワイ旅行がよく出てきますよね。タイプ③の人たちがつくるのは「気の合う友だち」

というより、「ビジョンや志が高い仲間」なんだなと感じます。

タイプ③の人たちはエイジレス（アンチエイジング）ブームの立役者でもあり、みなさん若く美しいのです。年下かしらと思っていたら、結構年上だった！ということも少なくありません。

その裏では、日々のジム通いはもちろんのこと、ストイックな食生活などの努力があるのですが、その過程はあまり人には見せません。公開するのは、ジムでの様子やできあがってきた体の写真。「鏡の前の腹筋」か「鏡の前の開脚」写真が多い傾向です。

人あたりもよく、目標に対しストイックなので「人間とはこうあるべし」を体現し、尊敬を集めるのがタイプ③の特徴になります。

そんなタイプ③の人のストレスは「自分に価値を感じられないこと」です。

ストレスを受けると、人に対しても価値を求めはじめます。相手のスペック、社会的地位、コネクションの有無など、「自分にとって付き合う価値があるか」で人を見る傾向がより強くなるのです。

さらにストレスがかかると、「自分の時間」を強く主張します。たとえば会社で時間外勤務になりそうになると「この時間まで契約していない」と言ってみたり、「手伝った分、何か得があるのか」など。

そしてさらに、**究極にストレスを受けるとどうなるかというと、虚無感、喪失感に駆られて投げやりになってしまいます**。まるで、タイプ⑨「みんなの和を保つ人」がストレスを受けたときのような状態です。

高ストレス下のタイプ③の要素が強い人に対しては、まわりが何かを働きかけて変えるというのは少し難しいかもしれません。ストレスが高い人ほど「視界に入る人」は狭くなり、理想の基準も高くなっていくので、自分の本質を見ようという気持ちになりにくいのです。

健全さを取り戻すには、まず比較や競争から離れることが重要です。たとえばボランティアなど、損得なく人と協力する体験をしてみるなど、リラックスした状態で仲間をつくる経験が役立ちます。「人にはいろいろいていい（自分も含めて）」という感覚に気づき、ありのままの自分を認められない葛藤から抜け出せるといいでしょう。

「別の何か」になることこそ価値だという考え方を手放すと、賞賛がなくても自分を生きることに自信や勇気がわいてきます。「別の何かになること」から抜け出したタイプ③の人は、特有のわざとらしさがなくなり、それはそれは魅力的な人になります。

独特のセンスを持った個性派→「人の関心」を求めすぎる

「なぜあの人は、いつもキラキラしているんだ？」

「どうして自分はあの人じゃないんだ？」

「どうしてこんなふうに生まれたんだ？」

「どうして、あの人のように自分はできないんだろう」


このように、なぜ・どうしての感情で胸がいっぱいになり、気づけば人のことをうらやましく思ってしまう……そんな繊細な感性に葛藤することが多いのが、タイプ④「自分自身でありたい人」の特徴です。

タイプ④の人にとっては、「嫉妬《しっと》」が大きなキーになります。嫉妬とは、自分に対する期待の大きさと、負けたくないという気持ち、さらに何かを手に入れたいという強い欲求があることで生まれる感情です。持っているエネルギーが人一倍強いのです。

比較をよくするので人間観察も上手であり、そのために「自分は特別でないと人に見つけてもらえないのでは」という不安を抱えがちです。

観察していると、有名アーティストや芸能人の人にもタイプ④は多いように思います。その強いパワーによって0から1を生みだせる人たちです。

タイプ④の人のストレスは「自分の存在を軽視されること」です。

相手がどのくらい自分のことをきちんと見てくれているか、考えてくれていたか、丁寧に接してくれているかを大切にします。

そのため、高ストレス下にあると「楽しかったね〜」と楽しく別れたと思ったら、その帰り道で急に「ねぇ、あのときなんで○○って言ったの？　そういうのが人を傷つけるってわからない？」とメールが送られてきたりすることも。

ストレスが強くなるほど、相手からの関心をより強く求めるのです。

そもそもタイプ④の人は、一人の人に対する思い入れが強く、人とライトに付き合おうという考えがあまりありません。ライトな関係は友だちではないと考えているのかもしれません。

ストレスが高いほど相手に入れ込み、「なんでも知っていたい」と思う傾向があります。

一対一の関係でいけば、タイプ②「してあげたい人」以上に相手に尽くそうとします。そして、同じ量で愛情を返してほしいと見返りを求めてしまうのです。

さらに強いストレスに追い込まれると、もう何もかも放り投げてどこかへ行ってしまいたい！という気分に襲われることもあります。

自分がこのタイプだなと思う人は、**人の気持ちを勝手に代弁しないことです。**ついつい「こうするってことは、絶対こう思っているはず」とか「気持ちがあれば、普通はこうする」という気持ちになり、想像をふくらませてしまうクセがあるのですが、孤独を呼んでいるのは自分の想像である、誰も自分のことを否定していない、と気づくことが大切です。

自身の強みだと思っていないことが、実は強みであることも多いので、自分自身を客観的に見つめる訓練をすることで、現実的・建設的にものごとを考えられるようになります。

ストレスの強いタイプ④と付き合うときは、ともかく距離を変えないことです。強い言葉で責められたり、一時的に関係を絶たれたりしますけども、動じないことです。

相手のその気持ちが永久に続くわけではないので、相手の傷を軽視せず、しかし近づきすぎず、でも離れないことで信頼ができていきます。

そうなると、タイプ④の本来のよさが輝きはじめます。自分が孤独でないことに気づいたタイプ④の人は、芸術的なインスピレーション、素晴らしい直感に出会いやすくなっていきます。

不安がわいてきたときは、客観視です。周囲が自分を認めていないという想像を鎮めるようにしてください。このクセがつくようになると、周囲からの称賛はなくても自由な自己表現ができるようになるでしょう。自分の頭の中にある世界観を、現実世界に応用して表現できるようになります。

冷静にものごとを追求する知性派→「無関心」と「現実逃避」への没入

タイプ⑤「事実を追える人」は、アルベルト・アインシュタインやチャールズ・ダーウィンなど、歴史をガラッと変えた多くの偉人たちに共通する性格タイプだと考えられています。

もちろん、全員が研究者というわけではありません。会社員をしている人だってたくさんいるでしょう。ただ、一つの世界、特に「まだ明らかになっていない世界」を追求するのが好きなのです。

実生活では、的確な指示があればそのとおりにミッションをコンプリートします。検索能力はピカイチですから、何かを調べることや比較、時間の算出などもとても上手です。

そんなタイプ⑤の人のストレスは、「人に期待をかけられること」です。

「ちゃんとやってほしい」という期待が強いほど、そのとおりにできなくなってしまうの

がタイプ⑤の人に見られる傾向です。

タイプ⑤の人は、「自分はうまくやれないのでは？」という不安を深層心理の中で抱えています。その不安があるからこそ、一つの方向に進み、安心を確保しようとするのです。

ですから、「ちゃんとやってほしい」はその不安を深めることになり、「逃避」として別の何かに没頭するようになります。

ストレスが強いほど現実と距離をあけ、自分の世界に閉じこもるようになります。傾向としては、ゲームやネット、読書など二次元の世界に救いを求めることが多いようようです。「現実（三次元）でないもの」＝「二次元」にいくというわけです。

さらにストレスが強くなると、状態の悪いときのタイプ⑦「ワクワク大冒険な人」のように、刹那的な刺激を求めて、いろんなことに手を出すこともあります。たとえばお酒に依存するだとか、活動的というよりは退廃的な道へ歩みを進めてしまう傾向があります。

自分がこのタイプだと感じる人は、体を動かすことをおすすめします。タイプ⑤の人は、体の感覚がさえると自分の「思考の明晰性《めいせきせい》」がなくなってしまうのではないかという恐怖心に駆られることがあるのですが、もちろんそんなことはありません。「現実的な感覚」を取り戻すのには、自分が今、体のどのパーツをどのように動かしているのか、現実世界の感覚に目を向けるのが一番です。

タイプ⑤の人と接するときは、過剰に要求をしない、気持ちについて言及しないことです。それさえ守っていれば、聞きたいことは聞いていいですし、してほしいことは具体的に頼んでください。このとき、期待どおりの結果が得られなくても責めてはいけません。

稀に気をきかせてくれるタイプ⑤の人もおり、それが的ハズレであることもあるのですが、気をきかせてくれたこと自体に感謝をしてみてください。

タイプ⑤の人は他のタイプと比較すると社交が苦手分野です。そのため、他の大多数の人は「普通はこうするよね」というルールを彼らに適用しがちなのですが、それでは逆効果になるのはお伝えしたとおりです。

見方を変えると、タイプ⑤の人があたりまえにできることを、他のタイプの人はあたりまえにはできません。会社でイヤなことがあったら、グチの一つでも言いたくなるものですが、タイプ⑤の人は言わないのです。

感情に振り回されずに何かを追求していく、という彼らの能力によって、新しい薬が生み出されたり、高度な技術が生まれたりして、私たちは助けられています。

サポートと先回りの達人
↓
「防衛的」で「人を見下す」ように

「石橋をたたいて渡る」を地でいくタイプ⑥「シミュレーションの人」は、幾とおりものシミュレーションをして、絶対に自分が失敗しないと確証を得てから動きます。

今の日本社会をつくってきたのはこのタイプ⑥の人たちでしょう。「綿密な計画表をつくる」「報告・連絡・相談をすべし」というのは、まさにタイプ⑥の人の得意分野です。どうしたら安全にものごとを運べるか、という発想で段取りをしてくれます。

男性が連想されるかもしれませんが、女性のタイプ⑥の人も多くいて、その場合には人生に「安定」を求め、パートナー選びでも派手さよりも相手がきちんとした職業についているかなどを重視する傾向があります。

そんなタイプ⑥の人のストレスは、「安全が保障されないこと」です。

先がどうなるかわからないという不安感にさらされ、ストレスが強くなると「誰かに自分を見ていてほしい」という気持ちが強くなってきます。

誰かが話していても、会話を奪って自分の話をしたり、自分ががんばったのに評価されなかったということへのグチが増えていきます。また、自分の状況を説明しようと、話がどんどん長くなる傾向があります。

さらにストレスが増すと、タイプ③「達成こそ価値な人」がストレス下にあるときのような強い競争心が出てきます。立場や身分などで優劣を決め、相手がわからないような専門用語を使って優位に立とうとする傾向が出てくるのです。

これは、自信のなさを打ち消そうとする衝動の一つで、この段階のタイプ⑥の人はさらに防衛本能が強くなり、人への疑念を持ちながら、周囲の目を気にするようになります。

ストレスの高いタイプ⑥の人と付き合ううえでは、突き放すことなく、ある程度ペースを合わせて安心させるといいでしょう。グチもできる限り聞いてあげてください。

このタイプに説得したいことがある場合には、「なぜそうする必要があるのか」根拠をしっかりみせてあげられるといいですね。その際、リスクヘッジもしっかりできていること（万が一、失敗したときはこのようにする）も見せられるといいでしょう。

自分がこのタイプだと感じる人は、シミュレーションをする前に動くことを意識してみてください。自分が人に時間を使っていることが気になりやすいと思いますが、自分も人にたくさん時間を使ってもらっていることに気づけると、変化が出てきます。

頭の中を可視化するのもおすすめで、手帳やノートに「不安」を書き出して整理できるとよいでしょう。

ともかく「失敗するかもしれない」という不安をどう手放していけるかが、タイプ⑥の課題になります。

シミュレーション過多になっていることに気づき、実際の体験を積み重ね、行動の中で軌道修正をする勇気を持てると、本来のタイプ⑥のよさが輝いてきます。

タイプ⑥の人は、いわゆる「保守派」と呼ばれる人の特徴を持っていますが、ディフェンスがいてオフェンスがいるように、保守派の人がいて初めて守られる場所がたくさんあるのです。攻めるのが得意な人たちが見ないようにしているところをカバーし、立ち回ってくれているのはタイプ⑥の人たちです。

楽天的な自由人↓「神経質な説教魔」に

旅をしていても、ウィンドウショッピングをしていても、目ざとく何かを見つけ「何あれ？」と言ったかと思えば、さっさとそのお店に入ってしまう。

じっくり見るわけでもなく、さっさと店を出てきて「よかったー」「なんか違ったー」となら、サクサク次へ。予定を決めるのも、それを確認するのもあまり得意ではありません。なんなら、決められるとそこから抜け出したい衝動にかられ、野犬よろしくあっちへふらふら、こっちへふらふら。行程が決まっている旅行はあまり得意ではありません。逆に、決められたものをアレンジするのが得意。タイプ⑦「ワクワク大冒険な人」の特徴です。

「何それ！　やってみたい！」と一度思えば、すぐに具体的な行動に移すのですが、いかんせん熱しやすく冷めやすい。すぐに飽きてしまいます。そんな自分を飽きさせないようにいろいろと興味が移り、その結果、タイプ⑦の人は「多方面の知識をよく知っている」

人にもなります。

そんなタイプ⑦のストレスは、「ネガティブなことを見ること」です。将来のネガティブなことを考えさせられたり、やらねばならないとプレッシャーを感じると、ストレスを強めます。そして、ストレスが強いほど活動的（逃避的）になり、神経質になります。

頭の回転・行動が速くなりすぎて（制御不能になり）、自分のペースについてこられない人にイライラし、反応の遅い人を責めることもあります。もともと客観視が得意なのですが、ストレスが強まるほど感情的な面が目立つようになります。

さらにストレスが強まると、**自分の限界を超えてなんにでも手を出して、一人で抱え込むようになります**。このときの状態は、タイプ①「よくしたい人」のストレス時のようです。自分にも人にもストイックにルールを課すようになり、ものごとに対して批判的になります。

さらにいくと「説教魔」となり、相手がいかに間違っているかを細かく指摘するなど、短気で人に冷たくなり、本来の明るさがなくなっていきます。

このような傾向があるなと感じる人は、**まず一呼吸置きましょう**。人に反応を急かさず、反射的に行動する前に、冷静になることが重要です。自分がルールをしく必要はないんだ、ということを思い出してください。

頭の回転を落とし、次々とあらわれてくるイメージや感情を味わうようにするといいでしょう。手段としては瞑想がおすすめです。

目をとじ、深呼吸して、頭の中をかけめぐる映像、感情、言葉を、「そうなんだね」と認識して、スーッと手放していってください。勝手に妄想を始めてしまったなと感じたときは、「考えたらダメだ！」ではなく、「あ〜考えてるね〜」と認め、やはりスーッと手放していきます。15分程度、できたら30分くらいできると理想的です。

タイプ⑦の人は飽きっぽいですが、この飽きっぽさが、健全なときにはかえってうまく作用することもあります。飽きやすいからこそ、もともとあったものを新しい形にアレンジすることが得意なのです。

伝統の中に新しい息吹を吹き込むクリエイター的な立ち位置で、ものごとに新しい価値を与えられます。

必要なのは、じっくりと取り組む姿勢だけです。結果を急がないようにして気持ちが落ち着いてくると、博識で深みのある人として、世の中に新しいものを発信できるようになるでしょう。

陽気なカリスマ↓吠えまくり、暗躍する「暴君」に

「ねぇ！　思いついちゃったんだけど♪」と、タイプ⑧の「ザ・リーダーな人」はニコニコと新しい案を提案することがあります。「この思いついちゃったんだけど♪」のために、まわりにいる人はその都度、動き回ったり、働いたりしているのですが、本人はおかまいなし。その勘のよさと押しの強さからカリスマ性はあり、我が道をいくように見えるのですが、実はまわりの影響も受けやすいのがタイプ⑧の人です。

直近どんな人に会って、どんな影響を受けたのかが割とわかりやすく、「これいいじゃん！」と思うとすぐ自分の中に取り入れようとするのです。しかも、「今！」と思ったら今しかありません。

このタイプの人がトップをしている組織では、発想にシステムがついてこなかったり、発言のどんでん返しでまわりの苦労が徒労に終わることもあります。言っていることがどん

どん変わるのですが、本人には「違うことを言っている」という自覚はなく、矛盾を嫌うタイプ①「よくしたい人」からは信頼を落とすこともあったりします（が、本人は気づきません）。とにかくパワフルなのがタイプ⑧の人です。

このタイプ⑧の人のストレスは「自分が無能かもしれないと（無意識下でも）感じること」です。

何かに「負けた」と感じるなど、ストレスが強くなるほど本質的な部分である「臆病さ」が顔を出しはじめ、攻撃的、陰湿になっていきます。敵がいなくなるまで相手を攻撃したり、人の居場所を奪ったりするのです。

さらに極限までストレスがかかると、まるでタイプ⑤「事実を追える人」のように、人や社会から距離をとって一つのことに没頭します。このとき何に没頭するかというと、恨みのある対象がいればその人に復讐をする方法を考えたり、相手の動向調査をしたりすることもあるでしょう。なんとか仕返ししてやろうと、多くの時間を費やすこともあります。

そこまでにならないよう、「自分はタイプ⑧かも」と思う人は、人を巻き込んでいるという自覚を持つようにしてください。

その人たちに対してしっかり謝ったり、お礼を言ったり、人の努力を軽視したりしない

タイプ⑧にイラつきがちなタイプ①さん

ことが大切です。時に「人の感情がわからない」というタイプ⑧の人もいるのですが、これもストレスが高いときに起きる反応の一つで、「人を自分の駒のように扱う」という状態のあらわれです。

タイプ⑧の象徴的なポーズとして、「手をこまねく（おいでおいで）」があります。

これは自分を守り、安心させる無意識の行動でもあります。

人が自分を信頼していないのではないかという恐怖を手放し、安堵を手に入れると、タイプ⑧の輝きを取り戻していきます。

ストレスの高いタイプ⑧の人を相手にするときには、勝とうとしないでください。より相手の攻撃性を強めてしまうからです。

ただし、迎合して言いなりになる必要もありません。相手の高圧的な態度には屈しないようにしてください。毅然とした態度をとり、あまりにもひどい場合には第三者の公的な機関に相談するといった対処が効果的です。

タイプ⑧というのは、戦国武将にも多かったのではないかと考えられていますが、要するに国を率いて命のやり取りをしていた人たちの気質です。

「現在思考」なので、それまでのやり方にこだわることなく、新しいことに挑める瞬発力があります。机の上で考えていてもたどりつけないようなアイデアを、瞬間的に思いつくこともあり、いい状態のタイプ⑧の人が組織を引っ張っていくと、まわりも柔軟な発想に感化され、新しい世界を見せてくれることがあります。その熱意と、ものごとを世の中に広げる力は、人を明るく照らす力になるのです。

人を傷つけない平和主義者
↓
短気で移り気な「なまけもの」に

のんびりした雰囲気。穏やかな受け答え。「ねぇ、どれがいい？」と聞くと、ほぼ「どれでもいいい」と返ってくる。「じゃあ、こっちとこっちだったら、どっち？」と二択に絞ってなお、「本当にどっちでもいいよ」と返ってくる。

「じゃあ、今どんな気分？」と聞き方を変えると「わからない」と返ってくる。

……タイプ⑨「みんなの和を保つ人」に見られる特徴です。

自分に意見がある人からすると、イライラを感じるかもしれません。

では、タイプ⑨の人に意志がないのかといえば、決してそんなことはありません。ただ、時間内に考えがまとまらないのです。

また、そもそもタイプ⑨の人は、自分を前に出すことよりも、周囲の人がその場その場において機嫌よく過ごしてくれることを重視しています。

そうした要因が「どれでもいい」という回答につながっているのです。

こうしたタイプ⑨の人のストレスは、「調和がくずれること」です。

衝突を嫌うのはもちろん、相手に敵意を持たれたり、何かを強要されて自分のペースを崩されたりすることもストレスになります。

ストレスが強くなると、あらゆることに対してめんどうくささが前に出てきます。

同時に、短気になったり人から気持ちが離れたり、かと思ったらすぐに元に戻ったり、つかみどころがなくなるかもしれません。または「うまくいかないかも」と無意識からわいてくる不安や恐怖が、眠気やだるさとなって思考を止めてしまうこともあります。

さらにストレスが進むと、抜け殻のようになってしまったり、平和な妄想の中で暮らし、現実の生活では活動しなくなるかもしれません。

タイプ⑨の人が身近にいると、「なんかいつもこっちが決めている気がする……」と、自分の気持ちばかり優先しているようで気がひけたり、いつも決めさせられているように感じることもあるでしょう。

しかし、タイプ⑨の人は、関係が近いとかえって、自分の意見を通してうまくいかなかったときのことを想像しがちなので、こちらの接し方で相手を変えようとしても難しいかもしれません。

ともかく答えを急かさないこと。強い自己主張や気持ちを押しつけることをしないことです。明確な返答や意見がないのが彼らの特徴だと理解して、気にしないでください。「答えがない」こそが、現状でのベストな回答なのです。

一方、自分がタイプ⑨かもと思う人は、問題から逃げていることや話し合いを避けていることに気づけるとよいでしょう。

なんとなく明言を避けて、ものごとをグレーにする傾向があります。必要なのは自分の感情や気持ちと向き合う勇気です。「自分の気持ちを話しても場は変わらない」という信頼を持てると、状況は変わってきます。

自分の気持ちとつながるために、「これでいい」ではなく「本当に欲しているもの」を自分で探していけるといいでしょう。怒りを感じたっていい、という認識も重要です。

身体的には指先や足先を動かし（広げて閉じるなど）、末端刺激を与えて「頭と体」がつながっていることを実感させるのがおすすめです。

「自分自身とつながる」ことが、タイプ⑨が輝いていく道です。自分を探すことをあきらめないことで、「真の平和」へとつながっていきます。

Chapter 5

人をグループで分けてみた！

感情的に接するとやる気をなくす人

さて、この5章では「それぞれのタイプをグループ分け」して見ていきます。

4章でそれぞれの長所とストレスを受けたときの違いを見てきましたが、人にはそれぞれ好むアプローチがあります。ですから、まったく同じ行動をとったとしても、感じ方がまったく変わってくるのです。この好むアプローチ、好まないアプローチを知らずに、自分の好きなやり方で接していくと衝突が起きやすくなります。

ここでは、よく寄せられることの多い事例をもとに、接し方のルールについて紹介していきましょう。

まずは、「感情」のお話です。

感情的なやりとりは、好む人もいれば好まない人もいます。

好む側の代表がタイプ②「してあげたい人」、またタイプ⑧「ザ・リーダーの人」です。

前者はまさに心と心のやりとりを重視するタイプで、後者も「近しい人とは本音でぶつかりたい」という思いがあるので、感情的なもの言いをすることが多い傾向があります。ですから、自分がイライラしているときに相手が冷めて見えると、余計にイライラが増してしまうのです。

少年マンガによくある「拳と拳のぶつかり合い」という表現がありますよね。タイプ⑧の人が求めるのはまさにああいったぶつかり合いで、「腹を割って話す」という表現も好みます。その意味では、感情のレベルはより重い傾向があります。

一方、その気持ちに重苦しさを感じてしまう人がいて、それがタイプ⑦「ワクワク大冒険な人」やタイプ⑨「みんなの和を保つ人」です。重苦しいと感じるほど冷めて、やる気が下がってしまうのです。

両者は楽観主義タイプで、基本的に「大丈夫、なんとかなる」と考える傾向があります。そのため「楽しそう」「嬉しい」というポジティブなものは好きなのですが、一方でネガティブな感情がとにかく苦手。ですから、**このタイプの人に怒りをぶつけて言うことを聞かせようとしたり、情にうったえて泣き落としをしたりするのは逆効果です。**

簡単な例で言うと、受験前などに「いつまで遊んでるの!? 勉強しないとパパみたいな大人になっちゃうよ⁉」のような言い回しは絶対にNGです。ただでさえやりたくないことをやらなければいけないのに加え、勝手に父と比較されて、自分の未来まで呪われたような気分になるでしょう。

たとえばこれが、危機意識を重視するタイプ⑥「シミュレーションの人」であれば、「それは怖い！　やらねば！」ということにもなりえますが、タイプ⑦やタイプ⑨の人にとってはそうではありません。

「え～マジテンション下がるわ……」「どうしてそういうこと言うの……」です。やらなければいけないことに目を伏せ、遊びに出かけたり、ゲームに没頭したり、急にマンガの全巻セットを買って読みだすかもしれません。

人の欲求を重荷に感じてしまう傾向があるので、期待されることも苦手です。

タイプ⑦や⑨の人のやる気を引き出すには、ポジティブなサポートが効果的になります。

「すごいね」と直接褒めるより、「○○さんが、△△の件、すごいって褒めてたよ～」と第三者の立場を使う形だと喜びも増し、やる気も増してきます。

「こうならないようにしよう！」より、「こうなれるようにしたいね！」のほうが前向きに取り組む力になるのです。

「こうしなさい」と言われたほうがやりやすい人、許せず反抗する人

「親が言うとおりにやってきてよかったと思う。ほとんど疑問に思ったこともなかった」
「自分で判断をしなくてはいけなくなると〝どうして決めてくれないんだ？〟という気持ちになります」

と、このような言葉を聞いてどう感じるでしょうか？

世の中には、ものごとを「自分で決めたい」と考えるグループと「決めてもらったほうがいい」と感じるグループの2つがあります。

冒頭のような考え方をするのは「人に決めてもらったほうがいい」と感じる人で、特にタイプ①「よくしたい人」や、タイプ⑥「シミュレーションの人」に見られる特徴です。

この2つの性格タイプのベースには、「人の期待に応えること」があります。

ですから、人に指示を受けたり、導いてくれる人がいたり、あるいは「これが正解」と

いった基準があったほうが、モチベーションが保てるのです。

タイプ①の人は表現が断定的（「〜であるべき」など）なことも多いので、一見自己主張が強く見えるかもしれません。しかしそれは、「正解」に対しての矛盾を突き詰めているだけであって、自分の確固たる意思が必ずしもあるわけではないのです。

一方でタイプ⑥は「安心感」を重視するタイプです。みんなと足並みをそろえたほうが安心できるので、何か基準があったほうがラクなのです。

タイプ①とタイプ⑥の違いは、たとえばマラソンで「自分だけ一人、先頭で走っていた！」というとき、「まわりに誰もいないのが不安で何度も後ろを振り返る」のがタイプ⑥。一方、「みんな道を間違ってるんだな、大丈夫かな」と考えるのがタイプ①です。

いずれのタイプも秩序の中で生活することができます。

他方、「こうしなさい！」と言われると「は？　なんでやることを決められなきゃいけないの？　ぜんぜんやりたくないし」と反発心が生まれるタイプもいます。

特にネガティブな反応を示すのは、タイプ④「自分自身でありたい人」、タイプ⑧「ザ・リーダーの人」です。いずれも、**こうしなさいという道を示されると、自分の尊厳を奪われたと感じる傾向があります。**

タイプ④は「自分自身である」ことを大切にしています。自分のニーズにピタリとはまるピースを、自身で追求したいという傾向があるので、人に「こうしなさい」と言われると、必死に探しているピースをテキトーにあてがわれた！　という感覚になります。最低限、「あなたはどうしたいですか？」と聞かれてから指示を受けたいと考える傾向があるのです。

一方、タイプ⑧は独立独歩の人ですから、人がなぜ自分の進路をコントロールしてくるのか理解ができません。そのため、こうしなさいと言ったところで、ピシッとシャットアウトしてしまうでしょう。

進みたい道があったとき、進んでほしい方向があるときは、このタイプの違いで考えていくと、「言葉尻」で衝突することを極力防げます。

意識的にマウンティングする人、無意識でマウンティングする人

「マウンティング」という言葉があります。もともとは動物（サルなど）が、他の個体に馬乗りになって「自分のほうが上だ」というアピールをする行動からきているのですが、人間のアピールの仕方はタイプによってさまざまです。まず、わかりやすいマウンティングをするのは3タイプ。

タイプ③「達成こそが価値な人」、タイプ⑦「ワクワク大冒険な人」、タイプ⑧「ザ・リーダーな人」です。この3タイプは「自分がしたいこと」がハッキリしている傾向があり、その分マウンティング表現もわかりやすくなります。

まず、タイプ③は「スペックやステータス」によるマウンティングをします。住む場所、高級外車、最高級ブランドのバッグや時計、クレジットカードなどのアピールだったり、オシャレな景色やアイテム、生活スタイル、自身の実績や人脈などをアピールします。

マウンティング（本来）の図

タイプ⑦は、「わかっている感」を出すマウンティングをします。何ごとも飲み込みが早い分、「俺（私）、それわかってます」感が出やすく、自分は「わかっている人」だと人に見せることで自分の立ち位置を確保しようとします。ストレスが強い人だと「なんでさっさとやらないのか理解ができない」といった言動をとる人もいます。

タイプ⑧は、何か一つの行動でマウンティングをするというより、あらゆる言動がマウンティングの要素を持っています（笑）。

ただ、「5億の家をキャッシュで買ったんだよ」と具体的なお金の話をしたり、過去の武勇伝を語ったりする傾向はあるでしょう。

この3タイプは、意識的にマウンティング

をするので比較的わかりやすいです。

　では、他のタイプはマウンティングされっぱなしかというと、実はそんなこともなくて、「無意識マウンティング」を行っている人も多々見られます。アピールしている自覚は本人にはないのですが、「人との序列」を意識した言動が出てくることがあるのです。


無意識マウンティングは、特にタイプ①「よくしたい人」、タイプ②「してあげたい人」、タイプ⑥「シミュレーションの人」に見られます。


　この3タイプに共通するのは、とてもよく働き、努力家だという点です。心身が健康な状態であればなんの問題もないのですが、調子が下がってくると、このがんばり屋という性質が災いして「無意識マウンティング」が発動します。

　タイプ①の人は、他の人が「いい加減だ」と感じることが増えると、「自分が全部やらなくてはきちんとしたものができない」と、あらゆること（仕事や家事など）を自分で抱え込みます。「自分でやったほうが早いし、いいものになる」という思いが強くなり、時には「世界の人がみんな自分ならいいのに」とすら思うかもしれません。そのような「人に決して任せない」という傾向が出てきます。

　他方、タイプ②の人のあり方は、たとえるなら「みんなのお母さん」です。その性質が過剰に出てくると、「自分がいないとあなたは何もできないから」とあれこれ世話を焼くようになります。ただ、この行動には相手を自分に依存させようという面もあるので、他の人のテリトリー内に踏み込みがちです。いきすぎると「嫁姑バトル」のようなことが起こってしまいます。

タイプ⑥は先回りが得意なのですが、調子が下がると「せっかく自分がやってあげたのに」という感覚に陥りやすくなります。また、勤め先、かつていたチームや地域などの「所属組織」を盾にして優劣をつけることもあります。たとえば、出身地域、親の職業、高校や大学、部活、何年入社か、今どこに住んでいるかなど、相手のスペックを確認し、自分が上だと思うと横柄な態度が出たりするのです。

ということで、全9つのタイプのうち6つもマウンティング族として登場してきました。この世は山の上で暮らす山岳部族の集まりなんじゃないかと思えてきますが、これらはつまり、自分の心のバランスを保つためのシステムだと理解していただければと思います。

過剰に出ているのは、その人が過剰にならざるを得ない環境にいて、がんばっているということの裏返しでもあります。そう考えると、いちいち批判的な反応をせずにスルー（許容）できることもあるのではないでしょうか。

主張のうまい3タイプと、そのペースにのまれない方法

「○○やってよ！」とか、「それヤダ！　したくない」と、自分の意見を主張できる人と苦手な人がいますよね。9つのタイプの中で自己主張が上手なのは、タイプ③「達成こそ価値な人」、タイプ⑦「ワクワク大冒険な人」、タイプ⑧「ザ・リーダーな人」です。

タイプ③の人は、時にはおどけたりして印象を変えながら、戦略的に会話を進める特徴があります。たとえば、グループメールなどでもまわりの意見を聞いてまとめているようでいて、実は自分の都合に合うように選択肢を設定したりします。

「達成」への執念があるので、お願いごとを断られても簡単に引き下がったりしません。ただ、このときに感情的な言い回しをしないことが多いので、相手が根負けしても感情的に引きずられにくいように説得できるのがタイプ③の見事なところです。

また、彼らは人を説得するときにメリットのある話をたくさんしますので、反対にデメ

リットの部分をしっかり確認できると、納得しやすいのではないかと思います。話していてペースを奪われるなぁと感じる人は、メモをとりながら聞くのもいいかもしれません。

タイプ⑦は、さらりと自分のパーソナルスペースの確保を上手に行います。たくさんの人と一緒にいるときも、一匹オオカミ的に群れから離れているときも、自分の安心できるスペースを見つけるのが得意です。

活動的なタイプ⑦は、自分のおすすめを人にばんばん語りますが、最後は「知らんけど(笑)」がつきます。そのノリとスピード感に流されないようにするといいでしょう。

タイプ⑧は、周囲に人がいるときにこそ能力を発揮します。自身の力を示し、思いを熱く語ったりして、自分の色に染めようとするでしょう。

ただ、タイプ⑧の人は自分にこびる人は信頼しようとしません。本音でぶつかり合って、自分の意見を通すことが理想だと考えている傾向があります。威圧感を感じることもあると思いますが、大事なのは堂々とすることです。ビクビク臆することなく付き合うとうまくいくでしょう。

以上3つのタイプが主張上手です。いわゆる「巻き込み力」が強いので、自分の本心が違うときには、巻き込まれないように気をつけてください。

「普通こうじゃない？」の「普通」を見極めろ！

「普通はさぁ～……」と、「普通」という言葉は日常でよく見聞きしますね。

しかし、実は「普通」の中身は人によりけりで、何を意図して普通という言葉を使っているかは違うのです。そのルールの違いをわかっておくと、相手が何を言わんとしているのかを理解し、無用な争いを避ける手立てになります。

普通という言葉を使うことが多いのは、タイプ①「よくしたい人」、タイプ④「自分自身でありたい人」、タイプ⑥「シミュレーションの人」です。それぞれ見ていきましょう。

タイプ①の人が言う「普通こうじゃない？」とは、意訳すると「それ、おかしいよ」です。タイプ①はものごとを善悪で分ける傾向があるので、自身の思う「善」からハズれた行動を指摘するときに「普通」が使われます。これをぶつけられたときには、なぜそうしたのかという根拠を整然と示せると、もめごとを避けられるかもしれません。

また、タイプ⑥の人が言う「普通ならさ～」とは、「あなた、足並みそろってませんよ。はみ出してますよ！」という指摘です。主張したいときは、「あなたの安全を脅かすことはない」と説得できるといいでしょうね。

一方、**普通の意味がもっとも普通ではないのが、タイプ④の人から発せられる普通です。**そもそも、タイプ④とは言い換えれば「普通でありたくない人」なのです。それなのに、なぜ「普通は」という言葉を人にぶつけてしまうのでしょうか？

タイプ④の人が「普通」と言うときは、「自分の内側に育ててきた自分のイメージ」をまわりが察してくれなかったとき、自分の存在を軽視されたと感じたときに多いです。

つまり、「(私に対して無礼を働いて）失礼じゃないか！」の意味が込められています。相手が欲しているものをしっかり見極められる観察力と、タイプ④が強い表現をしたときに驚かないように肝が座っていることが重要です。

このように、言葉尻だけを捉えて「普通って何？」と怒るのではなく、相手の意図していることを理解できると、相手が何を求めているのかがわかりやすくなります。

そのスタンスをこちら側が持っていると、相手の持つ正義もゆるみ、歩み寄りやすくなります。

食べる、眠る、依存……不満が「欲」に出るタイプの人たち

私の授業は「お子さま連れ大歓迎」です。子どもたちの過ごし方にもしっかりとそれぞれのタイプが出ていて、静かに声など発せず一人で遊んでいる子や、寝て過ごす子、私の話に呼応して、話に入ってくる子もいます。

基本的に子どもたちのタイプの特定はしないのですが、タイプ⑧「ザ・リーダーな人」かもと感じる子たちの「お腹すいた」アピールの強さには笑ってしまいます（笑）。私の前に立ちはだかっておにぎりを食べはじめる子や、「お腹すいた!!」「ごはん!!」とママにべったりくっついたり、私の机をたたいたり蹴ったりして、音でアピールする子もいます。

この性質は大人になっても変わらないことが多く、タイプ⑧の人は空腹だとエンジン不足で怒りがわいたり、思考がストップしてしまう段階があるようです。それを自分で理解している人は、空腹を感じないようにちょこちょこつまめるものを持っていたりします。

このように食べる、眠るという欲求はそれぞれの性質をよくあらわすのです。タイプ⑨「みんなの和を保つ人」などは、眠ることで問題から目をそむけたり、回復を図ったりします。その場から離れたい気持ちのあらわれでもありますが、表面的に人に合わせたりするのも上手なので、表面的にあいづちを打っていても「中の人」は寝ていて、実は何も聞いてないこともあります。

相手がこのモードに入ったときは、ちょこちょこと名前を呼びかけたり、質問を投げかけたりすることで現実に引き戻す方法があります。自分を保つシステムと体の欲求がセットになっているのです。

また、タイプ⑥「シミュレーションの人」は、食べることやお酒やたばこなど、人にぶつけられないフラストレーションを別のものにぶつける傾向があります。依存していることに気づき、その時間を短くすることがレベルアップに一役買います。

タイプ⑦「ワクワク大冒険な人」は、買いもので散財する傾向があります。そのときには「好機を逃さない！」という考えが働いているのですが、これは逃避行動の一つであり、このような瞬間的に自分を満たす行為をがまんすることを覚える、待つ力を育てると、タイプ⑦の人も安定してきます。

「あなたのため」と言われてイラッとする人、嬉しい人

「あなたのためを思って」というフレーズがありますね。

この言葉は、「そうなることが相手の幸せであるはずだ」という思いがあって発せられるわけですが、このような表現を好む人と好まない人がいます。

好むのは、タイプ①「よくしたい人」、タイプ②「してあげたい人」、さらにタイプ⑥「シミュレーションの人」です。

いずれも具体的な基準を持つことを大切にするタイプですので、自分自身もこのフレーズを「言われたい」人たちでもあるのです。人にも使うことが多くなり、ストレス値が高い人ほどそのとおりに従わない人に対してのイライラが募ります。

一方、これに対し強く反発するのがタイプ④「自分自身でありたい人」、タイプ⑦「ワクワク大冒険な人」、タイプ⑨「みんなの和を保つ人」です。

いずれのタイプもコントロールされることを恐れるので、「あなたのために」という思いを「押しつけられた」と感じると、過剰に反発します。

タイプ④なら、泣いたり叫んだりするかもしれません。タイプ⑦ならば、部屋にこもって急に何かに没頭しはじめたり、外に遊びに出かけるかもしれません。タイプ⑨の場合は、黙り込んでなんの反応もしないかもしれません。

このタイプの人たちに見張りやルールを強化するのは反発を強め、互いの溝を深める結果にしかなりません。

まずは意思を確認し合い、お互いの行動原理を知る、自分の行動原理を知ることで、基準を下げていくことです。本来どのタイプも、状態がよければ相手にある程度は合わせることができるのです。

無神経な言い方にイライラする！の「無神経な言い方」って何？

「無神経で腹が立つ」という表現は日常でよくされるものです。一方で、自分の言ったことで怒る人を見て「冗談が通じない」と言う人もいますよね。

この違いも、やはりそれぞれのタイプ同士のシステムの違いによるものです。

ウィットに富んだ会話が好きな人たちは、タイプ⑧「ザ・リーダーな人」やタイプ⑦「ワクワク大冒険な人」などで、ユーモアを大切にするうえ、それを「知性」だと感じています。特にタイプ⑧の人は「毒」をスパイスとして、遊びのある会話を楽しみます。ただ、それが時にいきすぎて、本当に意地悪な言い回しになることもあります。

一方、このような人たちに腹を立てるのがタイプ②「してあげたい人」たち。「愛のある表現」とは、相手に寄り添うことだから、反対意見を言ったり、毒を盛ったりしないことだという思いがあるので、ユーモア組の話し方は「無神経」だと感じることが多々あるのです。

では、このタイプの人は毒を発さないのかというと、そうでもありません（笑）。ストレスが高くなったり、自分を守ろうとすると「自分がうまくいかないのはあなたのせい」という意味の表現を選ぶこともあり、ユーモア組の人を「失礼だな」と怒らせ、対立を深めることがあります。

そもそも、タイプ⑧の人にとってやさしさとは「いざというときに簡単に手放さないこと」。一方、タイプ②の人にとっては「否定をしないこと」。この基準の違いがこれらの言動と、受け止め方を変えていることに気づくと、相手が自分を傷つけようとしているわけではないと理解できます。

「ほしいもの」の違いを理解するとトラブルがなくなっていく

人にはそれぞれ、「こんなふうに自分を表現したい」とか、「こんなふうに自分を受け止めてほしい」といったニーズがあります。このニーズがかみ合わずに衝突すると、摩擦が起きるのです。このとき、感情に身をまかせてしまうと、状況はこじれるばかりです。

一度こじれてしまうと、ひどいときは関係断絶になってしまうことだってあるでしょう。渦中にいると解決の糸口は見えにくいものですが、すれ違いをひも解くカギは、実は「ほしいもの」にあります。

ここまで、各タイプをバラバラに見てきましたが、それぞれの根本的な欲求を、あらためて整理してみましょう。

タイプ① 矛盾がなく、分別があること

タイプ②　愛があり、思いやりがある自分でいること
タイプ③　価値があり、傑出していること
タイプ④　独特であり、質がよいこと
タイプ⑤　明晰であり、全体が見えていること
タイプ⑥　慎重で、安全であること
タイプ⑦　苦しみがなく、喜びがあること
タイプ⑧　独立していて、強いこと
タイプ⑨　自然で、平和なこと

人はそれぞれ、これらの基準をもとにして生活をしています。人への接し方、人からの言葉の受け止め方は、これらの基準をもとに生まれているのです。

人間関係でうまくいかないことがある、うまくいかないことが続く場合には、自分と相手のほしいものは何かを再確認してみることをおすすめします。

自分だけがほしいものを要求すれば、相手が気持ちよくないのは当然です。また、相手のほしいものばかりを聞いていては、ストレスがたまるのもあたりまえです。

ただ、私がこれまでの経験で感じるのは「相手への理解」が進むにつれて、相手も自分を尊重してくれるようになる、ということです。不思議なのですが、自然とお互いが歩み寄り、関係もラクなものになります。

もしもグループ内、家庭内などでもめごとが起きたときには、まずそこに参戦している人たちの主張をまとめてみましょう。

感情的な人が場を持って行ってしまうときには、書き出してみるのもいいかもしれません。**問題が起きているときは、たいてい相手に問題がある気がしますが、状況整理してそれぞれの「意図」が見えてくると、妥協点を探しやすくなります。**

このとき、自分でできることと、相手ができることを切り分けて考える必要があります。「いい・悪い」で考えていると摩擦から抜け出すのは難しいのですが、相手の欲しているものに目を配りながら、自分のできることを探せるようになると、ものごとの解決が早くなったり、そもそも問題に巻き込まれにくくなったりするのです。

理解したうえで行動する。非常にシンプルなのですが、人間観察でもっとも恩恵を受けられるのは、この部分だと思います。

体験派？ときめき派？情報収集派？やる気スイッチの探し方

仕事で部下を持つ人や育児をしている人から「やる気を出させたい」という要望を受けることがあります。

「やる気スイッチ　君のはどこにあるんだろう～♪」と、塾のCMが頭をよぎりますが、まさにこの歌詞のとおり、やる気スイッチはタイプごとに異なるのです。

やる気スイッチをより具体的にいうと、「ものごとを始めるときに、何を起点に動くか」というスタートのポイントになります。

性格分析の世界では、人の行動を生みだす要素として「本能」「感情」「思考」という3つのカテゴリーがあります。

「本能」とは五感の感覚で、まず体感してみて、そのときの体感による「快・不快」でものごとを決める性質のことを言います。

「感情」とは、心の感覚で、特に「ときめき」をベースにしてものごとを決める性質です。
「思考」とは、「これをやったあとに何があるのか？」という未来への想像や情報収集を経てものごとを決める性質です。
この3つの要素は、すべての人がそれぞれ持っているのですが、「主に何を軸に決めるか」が実はタイプごとに違います。

「本能」が軸の人たち（タイプ①・タイプ⑧・タイプ⑨）

このグループにとって重要なのは、「まずは体験！」です。ひとまず場の空気にふれてみたり、実際に味わってみて、やる・やらないを決めます。「詳しいことはそのあとでわかればOK」というグループです。

「感情」スタートの人たち（タイプ②・タイプ③・タイプ④）

このグループの人にとって何よりも重要なのは、「ときめき」です。先生が美しいとか、カッコいいとか、場がおしゃれだとか、それを極めた人のイメージはどうかなど、印象によってやる・やらないを決めます。

「思考」スタートの人たち（タイプ⑤・タイプ⑥・タイプ⑦）

このグループに必要なのは、情報です。場所はどこなの？　どんな人と関わるの？　これをやり続けた先に何があるの？　と聞いてから、やるかやらないかを判断し、感情は最後に味わうタイプです。

こうして見ると、あれ？　このタイプがここに入るの？　と感じることがあると思います。特に、本能組に入っているタイプ⑨「みんなの和を保つ人」。感情組に入っているタイプ③「達成こそ価値な人」。思考組に入っているタイプ⑦「ワクワク大冒険な人」は、イメージと違うかもしれません。

タイプ⑨の人は、人あたりがよく穏やかな一方、ストレスが強くなると頑固でめんどくさがりな面も出てきます。このような性格のベースは、実は「本能（体験）」なのです。誰にも自分の世界をおかされたくないという不安があり、自分に合う・合わないは体験によって吟味します。ただ、タイプ①やタイプ⑧の人に比べて反応速度はゆっくりですし、意見を聞いても「どっちでもいいよ」となることが多いので、そのときは決めるのが得意な人が決めていくようにすればいいと思います。

また、メリット・デメリットを重視するタイプ③の人は、一見「思考」で動いているように見えますが、最初はイメージなのです。「カッコいい」「美しい」といった心のときめきがやる気の原動力になっています。

また、「思いついたら即行動」に見えるタイプ⑦は、実は思考型です。なんでも感情で決めているように見えて、実際には頭を高速で回転させていて「これをやったら楽しいことになるのかな？（イヤなことにならないかな？）」とゴールを想像してから判断をしています。

これらのやる気スイッチの場所を把握しておくと、旅行プランを練ったり、新しいアクティビティに誘ったりするときに役立ちます。

「本能」グループの人には、疑似体験させるような体験談を語るとか、「感情」グループの人にはイメージ写真を見せるとか、「思考」グループの人には情報をたくさん与えて説明するとか、アプローチを変えられます。

Chapter 6

自分の性格を知る方法

タイプを探る2つの質問

さて、いよいよ最後の章になります。

人のことは、「あー！　いるいる!!」という具合に理解しやすいものですが、自分のことを理解するというのは一番難しいものです。

というのは、ここまでお伝えしてきた性格とは何か、行動原理は何か、という話をよ〜くふまえて、さらに自分の状態がある程度よくないと客観的な診断ができないからです。

そういう前提ではあるのですが、ここでは究極にシンプルにした自己診断テストを紹介します。2つの質問に答えてもらって、その組み合わせで性格を探るヒントにしてみてください。

ポイントとして、何か悩みがあるときや問題が起きているときなどではなく、軽〜い気持ちで、リラックスしているときにやっていただくことです。

「こっちかな？　……それともこっちかな？」と悩む場合には、両方のパターンで見てみてください。そのいずれかのタイプの傾向があるということで、親の影響かもしれません。またストレスを受けている状況では、まるで別のタイプのような行動をとることがあるのはお伝えしたとおりです。

「今ならどうするか」、「昔ならどうしていたか」、といった比較をしてみるのもヒントになるでしょう。

そんなことをふまえて、各タイプの説明などをもう一度読んでいただくと、また違った視点で自分のことがわかるようになると思います。

第1問

家に帰り、家族でケーキを食べることに。
その中に、自分の大好きなものが
1つだけ入っていました。
さて、どうする(どう感じる)!?

1
「これ食べたかったやつ!
やった♪」

2
「みんなどうするの?
もしどれでもいいなら、
これ食べてもいい?」

3
「どれでもいい」

第2問

すごい失敗をしてしまった！このときの気持ちは？

A しっかり次回に活かすように、状況整理をする

B やっちゃったよー！一応考えるけど、しょうがないじゃん。まいっか

C 何度も思い出し、悶々《もんもん》としてしまう

結果

- 1＋A　タイプ③「達成こそ価値な人」→82ページ
- 1＋B　タイプ⑦「ワクワク大冒険な人」→86ページ
- 1＋C　タイプ⑧「ザ・リーダーな人」→87ページ
- 2＋A　タイプ①「よくしたい人」→80ページ
- 2＋B　タイプ②「してあげたい人」→81ページ
- 2＋C　タイプ⑥「シミュレーションの人」→85ページ
- 3＋A　タイプ⑤「事実を追える人」→84ページ
- 3＋B　タイプ⑨「みんなの和を保つ人」→88ページ
- 3＋C　タイプ④「自分自身でありたい人」→83ページ

結果診断　〜「おわりに」にかえて〜

いかがでしたでしょうか？

「いや、自分がこのタイプのはずがない！」と思ってやり直した人もいるかもしれませんね（笑）。

いや、いいのです。それでもまったく問題ありません。

テストを出しておいてなんですが、本書の基本スタンスは「やっぱり、自己診断はアテにならない」です（笑）。

自分であれこれ考えて診断するよりも、家族や身近な人と話をしてみたり、人の観察をしていく中で自分のタイプに気づいていくことのほうが真理にたどりつきやすいはずです。

自分はこのタイプかも？　と思ったそのときの気持ちをさらにヒントにして、自分の行動原理を探してみてください。

何より重要なのは、人や自分のタイプをこれだ！　と当てはめることではありません。**タイプ分類の先にある「自分の今」を客観的に捉えることです。**

性格というのは、その人のすべてをあらわすものではありません。「性格」＝「自分自身のすべて」では決してないのです。

性格とは、いわばシステム。日々の行動というのは、性格というシステムによって「ここを押されたらこう反応する」という条件反射のようなものです。

育ってきた環境、今誰と一緒にいるか、置かれている環境や受けているストレス、心身の状態によっても出方が変わってきます。ベースは決まっているのですが、状況によって出てくる一面が違うのです。だから、同じタイプでもみんな同じにようには見えません。

人間観察という手段を通して、では自分はどのような状態にいるのか？　いつもどのように人と接しているか？　なぜそのように接するのか？　と、自分自身で気づくことが一番大切なことです。そうすると、「いつも繰り返し味わう感情」や「いつもしてしまう行動」が見えてくるでしょう。

その感情や行動は、まわりの人のせいで起きているわけではなく、自分自身でつくり出しているものだということに気づけた人から、人生の次のステージであったり、人生における本当の実りが見えてくるはずです。

そもそも人間観察とは、「人を好きになるための方法」でもあります。自分の利益ために戦略を練ったり、人をコントロールするため、あるいは「こういう人だから嫌い！」と距離をつくるためではなく、相手の今の姿はその人のすべてではないことを、本書から少しでも感じてもらえたら、とても嬉しいです。

「人それぞれでいい」という感覚がわいてくると、「自分も自分のままでいい」と感じられるようになります。人間観察を深めていくうちに、自分をあわれむことはなくなってきますし、まわりに対して攻撃的にもなりません。

以前と同じ状況にあっても受け止め方が変わってくるのです。そうして自分の受け止め方、態度が変わってくると、まわりも自分に近づいてきてくれます。

心に余裕ができて、人間関係にも恵まれ、体の緊張もゆるみ、健康にもなります！　人生はより自由になり、日々の忙しさの中でも、幸福を味わう瞬間が増えていくはずです。

みなさまの素晴らしき人間観察ライフを心から応援しています！

ここまでお読みいただき、本当にありがとうございました。

２０２０年５月　くらはし まやこ

〈著者略歴〉

くらはし まやこ

性格研究家。ヒーリングサロンPulse（パルス）オーナー。
「ココロとカラダとアタマを一致させ、本来の自分に戻る」を理念に、心身のバランスを整え、仕事や生活に活かすための独自プログラム（「氣づきのエニアグラム」）を考案。全国30箇所でクラスを展開し、これまで1万人以上の性格分析を行う。性格類型学であるエニアグラムに身体データなども取り入れ、座学のみならず、「身体からのアプローチ」で感情や性格の課題に取り組むなど、その斬新さと説得力（効果の実感）が高い評価を受け、リピートされている。過去の観察データにもとづき、それぞれのタイプを極めてリアルに再現する「召喚芸トーク」も人気の一つである。近年は企業研修などに加え、「社会的子育て」へのアプローチとして、長期休みの親子講座や小学校の先生、生徒、父兄にむけての講演も行っている。笑いを大切に、笑顔と「ほんの少しのやる気」を持ち帰ってもらうことが活動目標である。

人間観察 極めたら悩み消えた

2020年 6月27日 第1刷発行

著　者——くらはし まやこ
発行者——徳留 慶太郎
発行所——株式会社すばる舎
〒170-0013 東京都豊島区東池袋3-9-7 東池袋織本ビル
TEL 03-3981-8651（代表） 03-3981-0767（営業部）
振替 00140-7-116563
URL http://www.subarusya.jp/
装　丁——井上 新八
印　刷——株式会社光邦

落丁・乱丁本はお取り替えいたします

ISBN978-4-7991-0897-0